LUCAS FREIRE

PLAY FULNESS!

TRILHAS PARA UMA VIDA RESILIENTE E CRIATIVA!

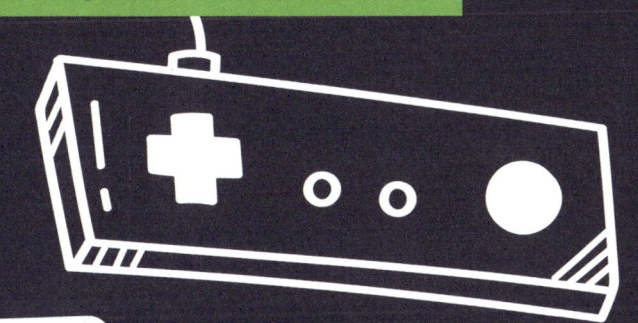

Lucas Freire

DVS EDITORA

WWW.PLAYFULNESS.COM.BR

PLAY!

SUMÁRIO

AGRADECIMENTOS..6
PREFÁCIO...8
CHEGA DE ALIENAÇÃO...13
SOU CRIANÇA E CONHEÇO A VERDADE..37
TENSÃO CRIATIVA: COMPLACÊNCIA NUNCA MAIS!..................................63
RESILIÊNCIA ESTOICA — AGRADEÇA AOS ESTOICOS: RESILIÊNCIA E O PODER DO AGORA!......89
FLOW — MERGULHE! AME ALGO! ENCONTRE O FLOW!.........................115
LUDICIDADE — ABRACE O SIM! DESPERTE A SUA CRIANÇA!...............141
APERTE O PLAY — MUDE DE VEZ O SEU TRABALHO E A SUA VIDA....169
REFERÊNCIAS BIBLIOGRÁFICAS..195
NOTAS..209

AGRADECIMENTOS

Dedico este livro a todos os amigos, parceiros e clientes que me incentivaram e acreditaram nas mais loucas histórias e experiências que pude vivenciar.

Dedico-o, também, à minha família, em especial:

À minha mãe, que sempre me incentivou à liberdade, e leu e debateu comigo cada capítulo;

E à minha esposa e "revisora", Talita, que me incentiva e me ajuda a fazer da criatividade meu exercício diário. Ao longo do caminho, ela partilha comigo os risos, o suor e também as lágrimas de uma vida playfulness.

PREFÁCIO

UMA LEITURA PLAY

É no ambiente familiar que acompanho a vida vivida e sonhada das minhas meninas e dos meus meninos, grandes e pequenos. Entre expectativas e muitos dedos cruzados, realizações e novidades se sucedem. A mais recente — *Playfulness! Trilhas para uma vida resiliente e criativa* — pulou em minha tela por um certeiro clique de seu autor, o meu Luquinhas, o Luketa para muitos, o Lucas Franco Freire para o mundo profissional. Inúmeros são os projetos, programas e cursos que vêm recebendo sua assinatura autoral. É com este livro, contudo, que faz, em grande estilo, sua estreia no campo editorial!

Movida pela emoção e guiada pela curiosidade, entreguei-me, de pronto, à leitura, liberta da noção de leitora passiva e do ler correlato à decodificação. Como cúmplice daquela escrita que já me espreitava, inscrevi-me entre palavras, interrupções e silêncios, para gravar, neste prefácio, o que ora faço: minhas impressões. Algumas, esclareço!

As primeiras palavras, as que dão nome ao livro, me seduziram rapidamente. Mas não só isso: apelaram para a minha condição de coerência e me inspiraram a assumir um gesto leitor play, ainda que arriscado.

Enquanto cuidava do play para que não fosse confundido com um gesto anárquico, mas permitisse a geração de sentidos, segundo o curso da linguagem e seu contexto de uso, ouvi a voz de Luquinhas a me dizer o que reconheço como um mantra seu: "Aperte o play, tia"! E foi apertando o play, que me lancei ao desconhecido, criei e percorri trilhas, produzi e colhi sentidos, desfiando muitos dos fios tecidos por ele.

Pela trilha T, cheguei a seus propósitos (e que propósitos!) e um pouco mais: ao Playfulness, metodologia criada por Lucas, na perspectiva do humano.

Fruto de estudos, experiências e pesquisas acumulados, em diálogo com uma significativa comunidade científica, e, com ênfase na sua história de vida, pessoal e profissional, princípio de suas reflexões e proposições, ele nos apresenta o Playfulness como o conjunto de ferramentas com que podemos responder, com leveza e originalidade, às incertezas, às contradições e às ambiguidades da hipermodernidade, do tempo-espaço do mundo, em que tudo é superlativo, em que tudo é exacerbado, em que fronteiras estão borradas, em que tecnologias achatam o tempo e aproximam, quando não confundem, presente e futuro; hoje e amanhã; o próximo e o distante.

Centrado na criatividade e positividade, o Playfulness, nos mostra ele, potencializa e afeta sujeitos, compreendidos como somos, sujeitos de direito, sensíveis e inteligentes, capazes de transformar nosso modo particular de ser e estar, no mundo, numa instância privada e ou pública, no plano pessoal e ou profissional.

Pelas trilhas RILH, alcancei a composição e a linguagem do livro. Originais! Incontida, exclamei. Para comprovação muito fácil disso, não foram poucas as astúcias que colhi: escrever com criatividade, com boas doses de fluência, flexibilidade de ideias, ludicidade e imaginação reunidas, sobre a própria criatividade; e convidar o leitor — anônimo ou nomeado — para dentro de seu texto, mantendo com ele interação permanente de cumplicidade; usar expressões como: "Pega esta!", "Você já viu?" e "PARA! PARA! PARA! PARA!", quer para informar ao leitor sobre algo de importância; quer para conduzi-lo ao mundo da 7ª arte, quer para interromper o fluxo da leitura em curso, propondo releituras; optar por uma composição textual híbrida, fazendo-nos esbarrar em gêneros e tipos textuais que se mesclam, se hibridizam, se misturam, enriquecendo a produção e nos proporcionando múltiplos passeios: do conto à fotografia; das narrativas memorialísticas à verbetes de dicionário; do poema à linha do tempo; jogar discursivamente por metáforas ou não, por inter e hipertextos, com pessoas do mundo real, virtual e ficcional; exprimir suas ideias com palavras, imagens, cores; mesclar idiomas.

Por tudo isso, pensei: arteiro, por natureza; inventivo por índole e aprendizagens; hábil, por determinação, a escrita de Luquinhas não poderia resultar diferente, não poderia deixar de fazer a diferença.

Diferença que me impactou de tal modo que, apertando o play final e, sob inspiração das narrativas ficcionais, me envolvi no jogo do esconde-esconde e, assim, não sei se você notou, percorri a Trilha A, ao tempo em que fiz o percurso de todas as demais trilhas, envolvendo-me com as ideias, as palavras, enfim, com o texto de Luquinhas, em ritmo próprio, em diálogo com as vozes que dele emanaram, na produção de possíveis sentidos, sem desejo de estabilizá-los, sem ilusão de esgotá-los, mas com a certeza de que ele nos oferece possibilidades de reeducação, de reinvenção, de recriação, de um viver outro, tendo como perspectiva as permanentes mutações a que somos e estamos assujeitados. Por nisso acreditar, faz do desfio e da provocação estratégias aliadas! Elas não são em vão.

Faço, por isso, a você, caro leitor, cara leitora, o desafio de não somente apreciar as trilhas que percorri, mas, principalmente, criar as suas e trilhá-las! Você não vai se arrepender, acredite! Quanto à escolha, sugiro não ser aleatória, mas consequente de seu PLAYPRÓSITO.

Não tem ainda um Playpropósito para chamar de seu? Ah, não desanime. Logo, logo você o terá. Lendo, descobrirá! Como descobrirá que este é um livro para se ler com gosto e se reler, sempre, com muita alegria, todo vagar, total cumplicidade, prudente reflexão e especial admiração por quem o escreveu, sobre quem digo mais alguma coisa, cantarolando assim...

>Sou tia de um grande menino (SEREIA!)
>A quem chamam de Luketa (SEREIA!)
>Ele é muito engenhoso (SEREIA!)
>Acreditem não é treta (Ô SEREIÁ!)

Tia Licinha
Verão de 2021

CAPÍTULO 1

CHEGA DE ALIENAÇÃO

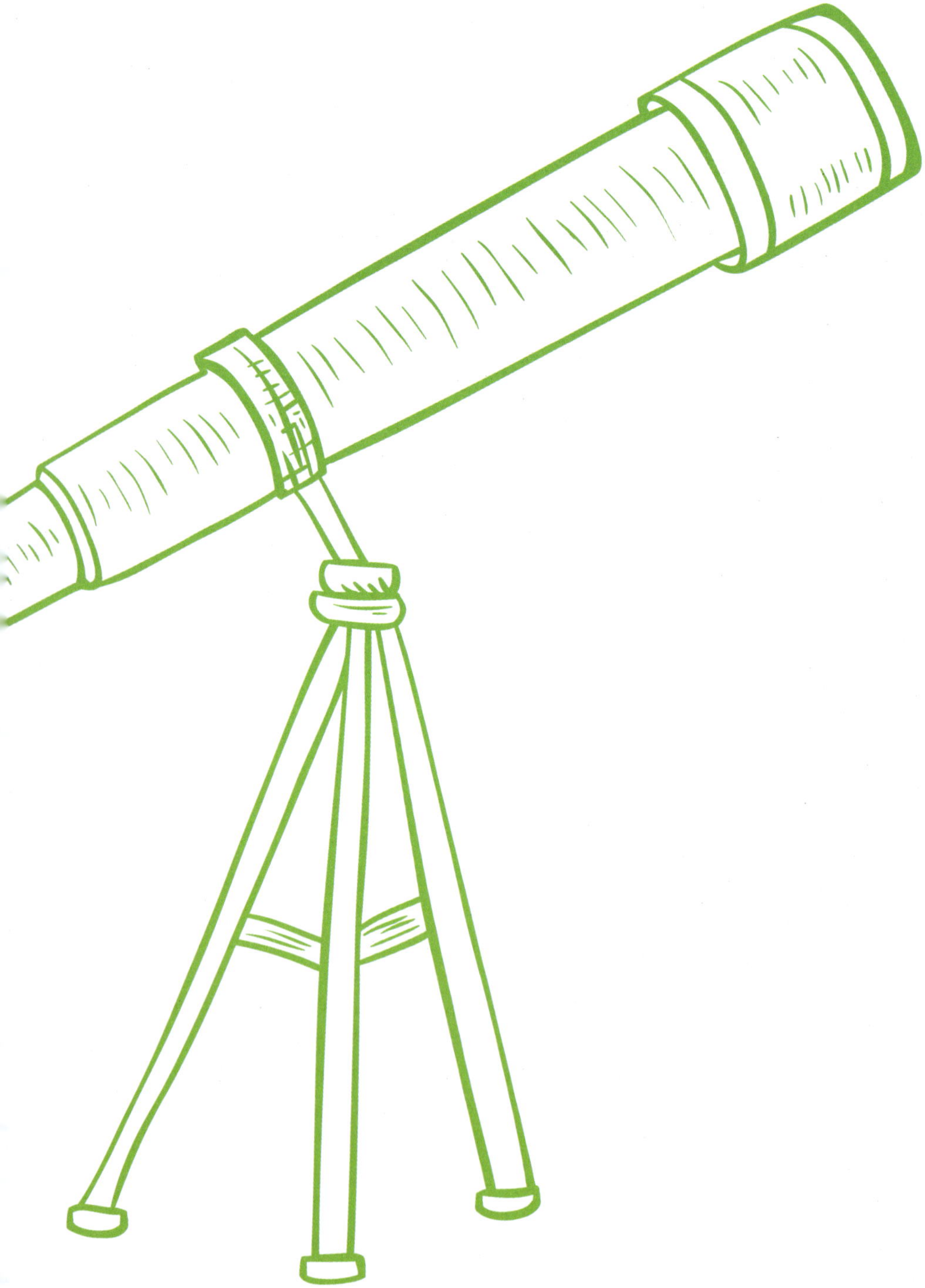

CHEGA DE ALIENAÇÃO

O avô de Marcelo era carpinteiro. Tinha as mãos ásperas, próprias do trabalho manual que fazia de segunda a sexta, em uma pequena oficina na garagem da própria casa. Almoçava com a família todos os dias e, quando a sesta se arrastava além do esperado, seu turno também avançava noite adentro. Além das encomendas, sempre arranjava um tempinho para fazer umas peças a mais — uma estante aqui, uma cômoda acolá. Assim, garantia uma renda extra.

Seu sonho? Ver o filho, Ângelo, doutor.

O menino não quis saber de medicina nem de advocacia. Nunca ligou para os brinquedos de madeira que o pai fazia. Desde cedo, foi o ronco do motor que fisgou sua atenção. De certa forma, ele cumpriu o desejo do pai: foi o primeiro graduado da família. Tornou-se engenheiro, contratado por uma indústria automobilística. Enquanto um trabalhava em algo palpável, imprimindo sua assinatura e extraindo, mais do que sustento, o seu orgulho, o outro desenhava fórmulas e gerenciava processos que o pai mal conseguia imaginar. Virou uma engrenagem dentro de uma grande fábrica.

Quando queria exibir os feitos do filho, Seu João logo se enrolava todo. "Foi ele que fez?", perguntavam os amigos ao ver um carro passar. Ele sabia que não. Esse era somente o produto final. Mas o que ele fazia mesmo? Qual era contribuição do filho?

"Meu filho é figura importante lá dentro", dizia a todos. Essa era a única certeza que tinha. As evidências eram claras: o carro de Ângelo era da empresa;

ele vestia camisas com o nome da empresa; sua maleta era da empresa; seus amigos eram colegas da empresa; conheceu a esposa na empresa e até a casa onde foram morar pertencia à empresa. Ângelo nem parecia ter mais um sobrenome, substituído pelo da montadora, cuja importância parecia tatuada em sua pele.

Isso não mudou nem quando Marcelo nasceu. O menino, que logo se encantou pelo cavalo de madeira talhado pelo avô, mal via o pai — sempre enfurnado naquela fábrica. Nem férias aquele homem tirava. "A operação não pode parar", dizia Ângelo, com convicção. "Eles contam comigo." Laços afetivos, Marcelo criou com a mãe e os avós.

À medida que foi crescendo, o garoto cumpriu o script direitinho: conquistou as melhores notas na escola, ingressou em uma universidade pública renomada, destacou-se em um programa trainee, tornou-se gerente aos 25 anos, fez MBA fora do país e sempre teve sangue nos olhos para se tornar presidente de multinacional. Era essa a receita para "brocar", para sair na capa do jornal e ter tudo o que sempre quis — inclusive, tempo, saúde e dinheiro, três coisas que o pai não conseguiu conquistar, apesar de todo o empenho.

Quando Marcelo assumiu a sua primeira gerência, o pai levou um duro golpe do destino. Foi demitido da fábrica, à qual dedicara a sua vida. Ângelo conhecia como ninguém a operação, mas a empresa precisava se modernizar, disse o diretor. O experiente engenheiro foi substituído por um jovem sem um fio de cabelo branco, com mais fôlego, mais conectado às tendências e, claro, bem menos custoso aos cofres da indústria.

Ângelo achava que nada podia ser pior que aquilo, mas estava errado. O dia seguinte foi um pesadelo: acordou e seguiu a sua rotina como se nada tivesse acontecido. Sentou-se apressado para tomar café da manhã, vestindo a camisa da empresa. A mulher estranhou o comportamento do marido e só o recordou do ocorrido quando ele estava prestes a partir, já com a mochila nas costas e seus fones de ouvido bluetooth. Sim, ele também tinha se modernizado. Como não? Sentir-se atualizado e demonstrar isso parecia essencial para sua carreira.

Naquele dia, e em todos os subsequentes, Ângelo ficou em casa, remoendo a sua rotina, os planos de melhoria para a fábrica, os milhares de micromomentos vividos com os colegas que tinham se tornado praticamente a sua família. Em casa, ele não sabia como ocupar o seu tempo, não sabia nem como conversar com aquelas pessoas... quase desconhecidas.

O filho até se ofereceu para pagar uma viagem para os pais, mas Ângelo não tinha vontade de nada. Vivia um luto permanente. Só falava da montadora:

recordava dos marcos e emergências vividos e enumerava ressentimentos, antes de cair em um silêncio profundo, ainda mais incômodo.

Ver a derrocada do pai só reforçou em Marcelo a vontade de ter uma vida diferente — e, em parte, ele conseguiu. É verdade que ele nunca questionou muito as escolhas que fez, nem vislumbrou outras alternativas, até se sentir aprisionado dentro da sua sala climatizada em tom pastel, no escritório central de um dos maiores bancos do mundo.

Aos 25 anos, ele já comandava uma equipe, "sonhava grande" e visualizava a diretoria que assumiria em breve. Tinha, aos olhos de todos, uma vida perfeita: cargo, status, dinheiro, carro, casa, noiva, cachorro e, ao contrário do pai, um passaporte carimbado. Marcelo já tinha corrido o mundo — feito desde roteiros tradicionais até experiências mais alternativas e ousadas. Por que, então, não queria sair da cama? O que lhe faltava?

O jovem talento não entendia o que estava acontecendo. Não tirava os olhos da felicidade, mas não conseguia pôr as mãos nela. Seus dias se arrastavam. Nada lhe enchia os olhos — nem os planos de mais uma viagem para uma exclusiva ilha no Mediterrâneo. "É disso que precisa", dizia a noiva. "Você precisa relaxar, está muito estressado." Será?

Vinha sentindo arrepios ao ouvir o noticiário. Gelava cada vez que entrava uma notificação de mensagem ou e-mail. Queria fugir das obrigações, do trabalho, de tudo. Trabalhar em outra empresa? Ora, Marcelo já tinha considerado essa possibilidade, mas acreditava que a única coisa que realmente mudaria seria o número de benefícios e os zeros no seu salário. O resto seria igual: longas e exaustivas horas de trabalho, sob muita pressão, para bater meta. Terapia? Coaching? Ele também já tinha tentado tudo isso e desistido. "Não é para mim", repetia para a noiva. Ninguém tinha respostas satisfatórias, ninguém entendia seu incômodo.

Ao contrário do avô, ele não se reconhecia naquilo que produzia. Ao contrário do pai, ele não se identificava com a empresa em que trabalhava. Sua insatisfação sempre soava como loucura, ingratidão ou exagero. Não é esse o hobby preferido de todo mundo? Sentar-se à mesa do bar, caçoar dos colegas, menosprezar o chefe e reclamar da rotina? Ninguém parece realmente feliz com o seu trabalho.

Marcelo reforçou, então, os treinos na academia, pois inflar os músculos esvaziava imediatamente o cérebro. A serotonina, liberada pela atividade física, anestesiava, ainda que por poucas horas, a angústia sobre o seu presente e o medo do seu futuro. Era essa também a desculpa perfeita para umas cervejas ou garrafas de vinho a mais. A ressaca do dia seguinte era bem menos incômoda do que aquilo que sentia. O que mais ele podia fazer?

Ao longo da minha trajetória, ouvi vários relatos como os de João, Ângelo e Marcelo. Provavelmente você também — se é que não se identificou, de alguma forma, com a história deles. São retratos corriqueiros da mudança ocorrida no ambiente de trabalho e, obviamente, na forma de vida das pessoas. A transformação, relatada nas três gerações dessa família, se arrasta, na verdade, há alguns séculos, desde que as máquinas a vapor foram introduzidas nos mais diferentes setores da indústria, tornando-se a força motriz de uma revolução, também, na sociedade.

Como a história das revoluções industriais você conhece bem, vou me ater aqui à mudança não no sistema produtivo, mas na existência das pessoas. A humanidade sempre se debruçou sobre questões existenciais.

QUEM SOU EU? POR QUE FAÇO O QUE FAÇO? O QUE EU QUERO? O QUE É SUCESSO? QUAL O SENTIDO DA VIDA? COMO ALCANÇAR A FELICIDADE? PARA ONDE VOU? QUAL A MINHA MISSÃO? QUANTO VALE O MEU TRABALHO? EXISTE LIVRE-ARBÍTRIO? SER OU NÃO SER?

A evolução tecnológica trouxe avanços em vários campos. Fez também várias promessas — em especial, de facilitar a vida do ser humano. No entanto, as respostas a essas perguntas, tão simples quanto cabeludas, continuam incomodando. Não é só o Marcelo que está angustiado. Nunca houve tantos casos de depressão e ansiedade no mundo. Aposto que você já sabe que o Brasil, outrora o país do futebol e da folia, foi apontado pela Organização Mundial da Saúde (OMS) como o mais ansioso globalmente.[1] O que acontece?

É claro que fatores socioeconômicos, como desemprego e pobreza, precisam ser considerados nessa equação, mas há também uma questão ambiental. A rotina, ocupada em boa parte pelo trabalho, ficou opaca e extremamente desgastante. A promessa da vida melhor nos centros urbanos, em que 70% da população economicamente ativa[2] está concentrada, não se cumpriu. Alagamentos, trânsito, poluição, violência. Nem vou falar do custo de vida. A tecnologia trouxe facilidades, mas o futuro permanece sombrio. Insônia, dificuldade de concentração, preocupação excessiva, WhatsApp, Instagram, LinkedIn.

PEGA ESTA!

Você sabia que o Brasil é o segundo país a passar mais tempo na internet? Enquanto a média mundial é de 6h42, o brasileiro navega 9h28 por dia. Só perde para os filipinos, que passam mais de 10 horas conectados à internet, segundo estudo realizado pela Hootsuite em parceria com a We Are Social.[3]

Sabe o que isso quer dizer? Dos 365 dias do ano, 145 são dedicados à rede.

Deixo a provocação: Que uso você tem feito desse tempo on-line?

Por mais angustiante que seja a situação de Marcelo e de outras bilhões de pessoas na Terra, posso garantir que a humanidade passa por um momento muito especial. Não quero soar como aquele otimista chato, tampouco menosprezar as dores e, principalmente, a gravidade de quem sofre de depressão ou de transtornos de ansiedade. O que estou dizendo é que toda ruptura inevitavelmente gera estresse — é assim com o dente que rasga a gengiva do bebê, é assim quando um mundo volátil, incerto, complexo e ambíguo exige uma nova forma de pensar, agir e viver.

Antes das indústrias, o trabalho estava muito ligado a uma constituição social de estratos. Em outras palavras, o que você fazia expressava quem você era. Foi assim com o carpinteiro João. Em algumas regiões da Europa, o trabalho era, inclusive, o sobrenome da família. Os Shoemakers eram os sapateiros do vilarejo, cujo labor passava de pai para filho, quase que por DNA. Quebrar esse elo era quase impossível, uma desonra à família, socialmente reconhecida e dignificada pelo seu trabalho.

Desde a primeira Revolução Industrial no século XVIII, iniciou-se uma série de rupturas na relação social com o trabalho. Construiu-se um novo sentido do que somos, de quem somos e de qual é a nossa identidade. A relação óbvia do passado deixou de existir.

A revolução na indústria[4]

Indústria 1.0
Mecanização, tear e foça a vapor.

Indústria 2.0
Produção em massa, linha de montagem, eletricidade e petróleo.

Indústria 3.0
Internet, computador e automação.

Indústria 4.0
Internet das Coisas e Inteligência Artificial.

1784 — 1870 — 1969 — HOJE

A revolução no Brasil[5]

Colônia
Sob decreto português, o Brasil não tinha indústrias. Autonomia? Nenhuma.

Império
O café move a economia, que ainda depende de mão de obra escrava.

Ditadura
A televisão para a ser o centro da casa do brasileiro.

República
Com 70% da população com acesso à internet, negócios digitais, home office e Casa Conectada são realidades.

1784 — 1870 — 1969 — HOJE

Não culpemos somente as máquinas pelas mudanças — a ética das religiões também ajudou a difundir conceitos e crenças sobre qual é o sentido do trabalho. Enquanto os luteranos entendiam que o homem era dignificado pelo trabalho, os protestantes imprimiram pensamentos diferentes do cristianismo, de que o trabalho estava ligado à submissão e à servidão. A própria etimologia da palavra, oriunda do latim *tripalium*, carrega o peso de um instrumento de tortura muito comum na era medieval. Dessa forma, trabalhar torna-se, literalmente, um padecimento físico e mental.

Com o surgimento das indústrias, a execução de uma tarefa foi fragmentada e dividida com as máquinas. Em *Tempos Modernos*, Charlie Chaplin retrata Carlitos como um operário em uma linha de montagem fordista, trabalhando repetidamente, como um robô, sem descanso, sem distração, sem erros. O modelo de administração — em especial, o fordismo e o taylorismo — estava fundamentado no processo e na repetição, no poder e no controle.

VOCÊ JÁ VIU?

Indústria Americana, documentário vencedor do Oscar em 2020, mostra os bastidores da aquisição, pela chinesa Fuyao, de uma fábrica desativada da General Motors em Dayton. A promessa de prosperidade econômica para a comunidade local torna-se também um campo para conflito de valores e cultura, incluindo descumprimento de procedimentos de segurança e da legislação trabalhista.

Ao contrário do filho, Ângelo não detinha mais o seu trabalho. Ele nem se sentia explorado pelas longas jornadas, já que sua personalidade se confundia com a instituição que representava. Essa associação era tão benéfica para a empresa, que as companhias estimulavam essa lealdade.

Assim, a identidade social do trabalho também mudou: os trabalhadores já não se identificavam mais com o que faziam, mas com algo muito maior. Eis que surgiu o sentimento de pertencimento às organizações. A relação de identidade foi substituída por uma alienação do produto do trabalho, o que não aliviou nem diminuiu a carga de sofrimento — pelo contrário, as longas jornadas de trabalho sob condições desumanas e remunerações não necessariamente justas tornaram-se a ordem da vez.

Gerações foram criadas sob o sonho de conquistar uma vaga em uma grande companhia e "fazer carreira" dentro dessa organização, isto é, dedicar décadas de vida a essa instituição. Para quê?

Para um dia receber, das mãos do presidente, o relógio de ouro pela sua contribuição. Esse era o auge da carreira, o ápice da vida, o momento mais aguardado que o casamento dos filhos.

PEGA ESTA!

Você sabia que a aposentadoria surgiu em 1889, na Alemanha do chanceler Otto von Bismarck?[6] Imagine, naquela época a expectativa de vida era baixa se comparada à dos tempos atuais — cerca de 40–45 anos. Somente quem chegasse aos 70 teria direito a receber uma pensão. A ideia se espalhou pela Europa e desembarcou em terras tupiniquins em 1923, com uma lei que beneficiava exclusivamente ferroviários, a partir dos 50 anos de idade e 30 anos de serviço. Somente com a Constituição de 1988, a aposentadoria virou um direito de todo cidadão.[7]

A gestão do trabalho fomentou um homem submisso, sem criatividade ou pensamento próprio, como uma peça de engrenagem. E veja que interessante: é nessa época que surge a área de "recursos humanos", ainda que sob outra nomenclatura, mas já objetificando o indivíduo. O departamento foi criado para lidar não com pessoas, mas com processos e números.

Da mesma forma, a figura do líder, no começo da Revolução Industrial, era a do capataz, determinado a controlar aquele recurso com mãos de ferro, para realizar tarefas dentro de determinada ordem. Surgiu, depois, o chefe, sem um pingo de humanização, confiante de que o trabalhador era imaturo e preguiçoso por natureza, e que era o seu papel subjugá-lo e dominá-lo, para manter a ordem, o controle e o progresso. Pensando bem, o consumidor também era tratado dessa forma — o controle sobre a publicidade e a qualidade do que é vendido foi se modificando ao longo do tempo.

Um dos meus livros favoritos e que retrata bem essa alienação a que o homem foi submetido é de autoria de Kirkpatrick Sale, diretor da Schumacher Center for a New Economics. Em *Inimigos do futuro*,[8] ele resgata justamente a primeira Revolução Industrial, quando os hábitos sociais foram alterados significativamente, reduzindo os humanos quase a réplicas, quando não a acessórios das máquinas. O acadêmico faz uma crítica ferrenha ao mecanicismo:

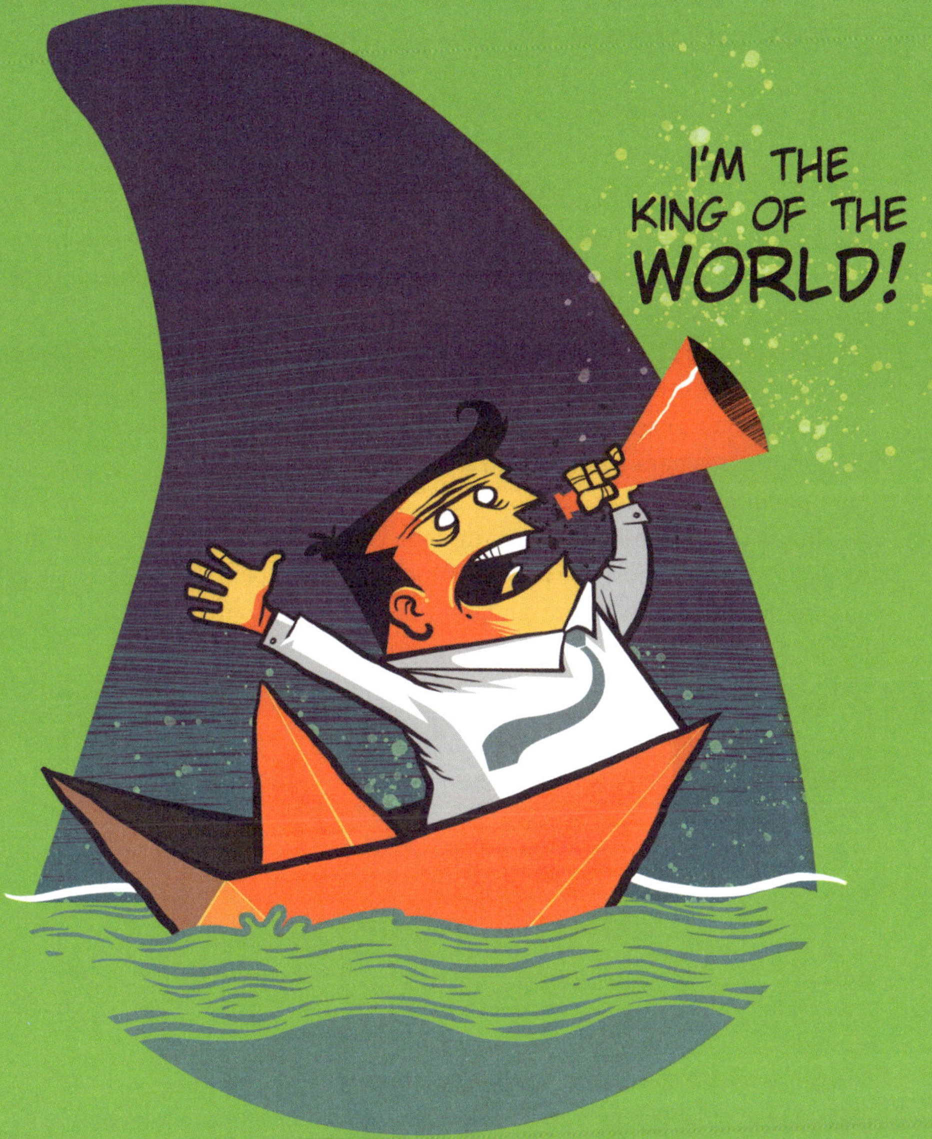

@lucasfrancofreire

> "Homens, mulheres e crianças são parceiros de ferro e de vapor; a máquina animal — frágil, na melhor das hipóteses, sujeita a mil formas de sofrimento e constantes alterações, gradualmente decadente e condenada, por natureza, a uma curta existência —, é colocada no mesmo nível de uma máquina de ferro, insensível ao sofrimento e à fadiga."

Nasce, assim, o *Homo Faber*, um termo utilizado por vários autores e associado[9] ao filósofo francês Henri Bergson, que estabelece o homem como o criador de instrumentos e ferramentas que formam a sua realidade.[10] Em *A condição humana*, a filósofa alemã Hannah Arendt delineou melhor esse ser humano que instrumentaliza o mundo e acredita que "qualquer assunto pode ser resolvido e qualquer motivação humana, reduzida ao princípio da utilidade", ao focar sempre a "fabricação de objetos artificiais, principalmente de ferramentas para fabricar outras ferramentas e para variar sua fabricação indefinidamente".[11]

Para ela, o *Homo Faber* abriu mão da contemplação para formar uma sociedade de operários, que preza pela permanência, pela estabilidade e pela durabilidade. Ele se degenera em nome da abundância, em uma busca desenfreada pela felicidade, construindo um mundo individualista e consumista.

PEGA ESTA!

O lixo também é produto da Revolução Industrial.

Até então, não havia desperdício — tudo era reaproveitado.[12] Quatro revoluções depois, o mundo passou a gerar mais de 2 bilhões de toneladas de resíduos sólidos urbanos anualmente, dos quais pelo menos 33% não são gerenciados de maneira adequada.[13]

Só você, que está lendo este livro, é responsável provavelmente por mais de 270 quilos por ano.[14] Daí a necessidade de se fazer muito mais do que simplesmente substituir as sacolinhas de supermercado, entendeu?

Marcelo jurava não ter se tornado um operário como o pai. Não trabalhava na indústria, nem limitava sua vida ao trabalho. Acreditou que, em meio a viagens, experiências e consumo de todos os gadgets e eletroeletrônicos que queria, estava mudando o triste destino da família. Descobriu, porém, que havia se transformado em um *Homo Faber*, exatamente como o pai, ainda que em outra indústria e vestido com ternos caríssimos.

> "Quanto mais fácil se tornar a vida em uma sociedade de consumidores ou de operários, mais difícil será preservar a consciência das exigências da necessidade que impele, mesmo quando a dor e o esforço — manifestações externas da necessidade — são quase imperceptíveis. O perigo é que tal sociedade, deslumbrada pela abundância de sua crescente fertilidade e presa ao suave funcionamento de um processo interminável, já não seria capaz de reconhecer a sua própria futilidade."[15]

Essa teoria filosófica sobre a condição humana foi publicada em 1958, quando não havia internet, nem redes sociais, nem Netflix, nem Alexa.

Quando se fala em IV Revolução Industrial, muita gente pensa rapidamente em inteligência artificial. Só que a revolução em si não se resume à tecnologia, já que provoca uma revisão do *modus operandi* do *Homo Faber*. E essa discussão aumenta o peso sobre os ombros de todo e qualquer trabalhador. A crise existencial ganha novas proporções.

QUEM SOU EU? **O QUE SERÁ DE MIM?** POR QUE FAÇO O QUE FAÇO? **QUAL É O PAPEL DOS COMPUTADORES E QUAL É O DOS HUMANOS?** O QUE EU QUERO? **O QUE VAI ACONTECER COM O MEU EMPREGO?** QUAL O SENTIDO DA VIDA? O QUE É SUCESSO? **O QUE EU VOU POSTAR HOJE?** **EU ESTOU SEGURO?** COMO ALCANÇAR A FELICIDADE? PARA ONDE VOU? **QUAL É O MEU SONHO? COMO SER AMADO?** SER OU NÃO SER? QUAL A MINHA MISSÃO? **QUAL É O MEU VALOR?** QUANTO VALE O MEU TRABALHO? **MEU DIPLOMA NÃO VALE MAIS NADA? EU SOU DISPENSÁVEL?** EXISTE LIVRE-ARBÍTRIO? **O QUE FAZER COM ESSA TAL LIBERDADE?** POSTAR OU NÃO POSTAR?

A obra de Gilles Lipovetsky, um dos filósofos contemporâneos que mais aprecio, ajuda a traduzir um pouco o que vem acontecendo. Para começar, ele chama os dias atuais de hipermodernidade. O que isso significa?

Tudo é superlativo — as expectativas, as frustrações, a produção, o consumo, o desperdício, a ordem e o caos. Tudo é ou tem que ser hipermoderno, acelerado e rápido. Os conflitos são dilatados pela cultura da abundância de Arendt: precisamos de mais, viver mais, comprar mais, mostrar mais, ganhar mais. O medo e a incerteza sobre o futuro são também maiores, assim como a insegurança provocada pela ambiguidade e pelas contradições do presente. Lipovetsky descreve em *Os tempos hipermodernos*:

> "Até os comportamentos individuais são pegos nas engrenagens do extremo, de que são prova o frenesi consumista, o doping, os esportes radicais, os assassinos em série, as bulimias e anorexias, a obesidade, as compulsões e os vícios. Delineiam-se duas tendências contraditórias. De um lado os indivíduos, mais do que nunca, cuidam do corpo, são fanáticos por higiene e saúde, obedecem às determinações médicas e sanitárias. De outro, proliferam as patologias individuais, o consumo anônimo, a anarquia comportamental."[16]

PEGA ESTA!

A comunicação e a informação nunca foi tão fácil... e também tão difícil.

Noventa por cento dos dados disponíveis no mundo foram produzidos nos últimos dois anos.[17] Essa avalanche não para de crescer: a cada minuto, são enviados 500 milhões de tweets, 294 bilhões de e-mails e 65 bilhões de mensagens de WhatsApp. Pesquisas no Google? Cinco bilhões por minuto.[18]

Ainda assim, a desinformação corre solta. As chamadas fake news — eleito o termo do ano de 2017, pelo tradicional dicionário Collins[19] — tornaram-se uma epidemia mundial, sem remédio nem vacina à vista.

Os brasileiros que o digam: 62% deles reconhecem não saber identificar uma notícia falsa.[20]

O que acontece é que, hoje, vivemos um cenário muito mais ambíguo, complexo e instável no mundo, então a ordem e o controle não seguem mais a mesma base. Veja só: 2 mil bilionários concentram em suas mãos mais riqueza que 60% da população mundial.[21]

Enquanto alguns países ainda sofrem com uma mão de obra pouco especializada, outros vivem o contrário — possuem profissionais tão especializados que se tornam incapazes de lidar com pessoas, situações e cenários complexos, incertos e volúveis.

Os dois extremos desse espectro têm pontos em comum: a desmotivação, que gera a ansiedade, que vira depressão e que já está se configurando em uma das principais causas de afastamento do trabalho. Em uma pesquisa rápida nas minhas redes, 87% das pessoas afirmaram ter ou conhecer alguém com depressão. Do sofrimento físico, passamos para um sofrimento subjetivo.

A era da selfie, que nada mais é que uma tentativa de imprimir uma assinatura na vida e ter sua identidade reconhecida através dos *likes*, também é um reflexo dessa era de ambivalência e contradições, que torna a felicidade tão concreta e tão frágil, tão perto e tão distante. Queremos a companhia exclusiva dela na nossa vida, mas somos obrigados a conviver muitas vezes com a frustração, uma convidada deselegante que não se cansa de nos roubar a euforia, a realização e o sucesso. Tornamo-nos, assim, como também destacou Lipovetsky, a "sociedade da decepção", diariamente confrontada com a sua potência e impotência. Em *A sociedade da decepção*, ele alerta:

> "Nos antigos complexos sociais, os homens viviam em consonância com a perspectiva de situação social, só almejando aquilo que lhes parecia plausível de se obter. Com esses graus de decepção e descontentamento, naturalmente tinham dimensão bem mais circunscrita. Ou seja, as expectativas eram menores e as frustrações eram menores. Já os modelos modernos são diversos. Nestes, com efeito, os indivíduos sequer têm condições de avaliar a razoabilidade de suas pretensões, distinguidas dos desejos desmensurados ou meramente utópicos."[22]

A grande questão é que, ao longo dessas quatro revoluções, os modelos de gestão também evoluíram. Não há mais espaço para o capataz. Há um número cada vez maior de empresas que optam por uma gestão dita "humanizada", diante dos índices alarmantes de degeneração do mercado, do meio ambiente e do próprio homem. Ainda assim, o modelo de trabalho estruturalmente alienante, inclusive aquele que fomenta o "grande sonho", também aumentou a altura do tombo e o diâmetro do poço.

Nenhum retrato é mais emblemático para mim do que o tirado pelo nepalês Nirmal Purja, às 7h30 da manhã do dia 22 de maio de 2019: mais de trezentas pessoas[23] estavam enfileiradas na zona da morte do Monte Everest. Aquela é uma região íngreme e estreita, com espaço e corda para um alpinista por vez. O engarrafamento inusitado também disparou o número de mortes na montanha mais alta do mundo. A analogia que faço desse episódio é óbvia: o topo da montanha é para poucos. Há um limite espacial no nosso ecossistema. Se todos estiverem em busca do seu propósito e da realização ao mesmo tempo, o número de frustrações, concomitantemente, também aumenta.

Em um mundo em que tudo pode ser comprado, uma vez que o *Homo Faber* trabalha para isso, como lidar com um desejo não atendido, que logo vira uma necessidade não atendida?

Quem quer uma vida mediana? Que história vamos contar aos vizinhos, aos netos, aos seguidores, se não tivermos realizado nada de extraordinário? Como passar a vida sem um grande feito, nem que seja tão esdrúxulo quanto o daquele homem de 72 anos que atravessou o Atlântico dentro de um barril de madeira?[24]

Veja: não estou nem falando em legado, mas na ambição não só de ter uma história incrível que o descole dos demais habitantes desse planeta azul, como também de apagar qualquer possibilidade de a vida passar em vão.

Entre tantos excessos e tantos medos, vivemos também o boom de gurus, com as mais diferentes formações e fórmulas para colar um band-aid na ferida.

PEGA ESTA!

Sabia que, quanto mais sério você fica, mais o seu cérebro se contrai?

O estresse tem um efeito nocivo no "sistema operacional" do ser humano — provoca desde mudanças químicas à morte de células. A contração, ou encolhimento, do cérebro pode atrapalhar a memória e a aprendizagem, além de outras limitações cognitivas e emocionais.[25]

O sonho de um é o pesadelo do outro. "O que gera decepção não é tanto a falta de conforto pessoal, mas a desagradável sensação de desconforto público e a constatação do conforto alheio", destaca Lipovetsky em *Os tempos hipermodernos*.

Imagine só: Marcelo sonhou grande e não agarrou a felicidade, mesmo tendo um assento privilegiado na sociedade hiperconsumista. O que dizer, então, daqueles que não foram ou não vão tão longe, mas condicionam sua autoestima a isso?

Para Mario Sergio Cortella, um dos principais filósofos brasileiros da atualidade, o que está em jogo é a autenticidade. O funcionário se sente desconectado do que faz quando não é respeitado pela sua contribuição e/

ou quando não se orgulha do seu labor. É isso que nos torna diferentes dos demais animais que habitam este planeta. "Nesse sentido, se eu faço só por fazer, porque não há outro modo, não deixa de ser uma razão, mas é a pior. Porque é a mais óbvia, mais básica, e é a que nos aproxima de outras formas de vida. Outros animais fazem o que fazem porque não têm como não o fazer. Portanto, é uma vida automática, robótica, já determinada", ele explica em *Por que fazemos o que fazemos?*.[26] "Se eu desejo uma vida com consciência, com recusa à alienação, se quero algo que me leve ao pertencimento de mim mesmo e daquilo que faço, preciso ter razões que sejam mais sólidas do que apenas argumentar a necessidade de sobrevivência."

Marcelo se engana ao achar que se tornou o pai — a sua dor é um despertar, um aviso de que é possível (e necessário!) romper essa alienação. Para você, leitor, não achar que isso é papo de psicólogo ou de filósofo, deixe-me apresentá-lo a Chris Argyris, professor emérito da Harvard Business School, que defende que a Revolução Industrial foi o estopim para o amadurecimento da sociedade, realizado a partir de "tendências básicas de autorrealização na personalidade humana", passando "de um estágio de passividade quando criança para um estágio de crescente atividade já adulto, o que Erickson chamou de autoiniciativa".[27]

Em *Personalidade e organização,* ele discorre sobre como o modelo industrial de repetição e padronização, que alienou o trabalho do indivíduo, também gerou uma contradição — essa especialização provocou o desejo por autonomia e autorrealização.

> "Reunindo os dados relacionados com o impacto dos princípios de organização formal sobre o indivíduo, podemos concluir que há incongruência entre as tendências de crescimento de uma personalidade saudável e as exigências da organização formal. Se os princípios da organização forem usados como idealmente definidos, os empregados tenderão a trabalhar em ambiente no qual (1) dispõem de controle mínimo sobre seu mundo de trabalho cotidiano, (2) devem ser passivos, dependentes e submissos, (3) devem ter limitada perspectiva temporal, (4) são induzidos a aperfeiçoar e valorizar o uso frequente de poucas aptidões superficiais e ralas, e (5) devem produzir sob condições que levam ao malogro psicológico."[28]

A FELICIDADE É ARBITRÁRIA. COSTUMO DIZER QUE ELA ESTÁ, ÀS VEZES, NA **CAIXA**, E NÃO NO **BRINQUEDO**; ESTÁ NA **JORNADA**, E NÃO NO FIM. ELA PARECE INDOMÁVEL, PORQUE É **PESSOAL E INTRANSFERÍVEL**.

@lucasfrancofreire

PARA! PARA! PARA! PARA!

Percebe a importância do que ele está falando aqui? A forma como os processos industriais foram desenhados levam naturalmente o indivíduo a:
- Sucumbir sob o ponto de vista psicológico;
- Buscar uma ruptura, que é a autonomia;
- Os modelos de gestão inspirados nas startups, por exemplo, respondem a esse desejo por mais liberdade, ao deixar que o indivíduo escolha como, com quem e onde vai trabalhar.

A QUESTÃO É: VOCÊ NÃO PRECISA QUE UMA EMPRESA TOME ESSA DECISÃO POR VOCÊ.

Um dos motivos de eu tanto apreciar a obra completa de Lipovetsky é a visão prática, ainda que filosófica, que ele tem do mundo. Ele convida o leitor à autorresponsabilidade, tanto pelo sucesso quanto pelo fracasso. Em *A sociedade da decepção*, o autor reflete sobre esse sonho grande e distante que gera um acúmulo enorme de angústias e estresse. "Quando o homem fixa o seu objetivo, seu projeto de felicidade numa realização muito longínqua, reivindicando sempre mais, arrisca-se a sentir mais vivamente os aborrecimentos e insuficiências do presente, sofrendo uma dor cada vez maior pelos sonhos contrariados",[29] afirma.

É por isso que eu digo que precisamos fugir do destino de Sísifo. O filho de Éolo, o deus do vento, era considerado um homem sábio até dedurar Zeus e ser enviado ao inferno. Ardiloso como ele só, Sísifo continuou aprontando no mundo subterrâneo e, por isso, recebeu nova punição: deveria levar uma rocha até o alto de uma colina. Cada vez que ele se aproximava do topo, a pedra rolava morro abaixo, obrigando-o a recomeçar, em um eterno vaivém,[30] sem nunca atingir seu objetivo.

> **VOCÊ JÁ VIU?**
>
> "A vida não é um eterno hahaha", diz José Simão, no documentário *Tarja Branca*.[31] Mas será que não pode ser?
>
> É essa a provocação da obra, ao sugerir o resgate do espírito lúdico, abandonado na infância, como faz o *Homo Ludens*.

Um dia, estava eu na praia com a minha família, a cabeça cheia de problemas, reclamando de uma coisa aqui, discutindo outra ali, quando uma cena chamou minha atenção. Um grupo de garotos se preparava para uma pelada na beira do mar. O que havia de incomum nessa cena?

Um dos jogadores não tinha uma perna.

À princípio, fiquei curioso para ver como se daria o embate entre aquele garoto e os demais. Que posição ele tomaria dentro do jogo? Como os outros reagiriam à sua presença?

Nem preciso dizer que os problemas, a conversa com a família, ficaram em segundo plano, certo? Naquele momento, passei de observador a aprendiz de um moleque de cerca de 16 anos.

Wendel não se apequenou diante dos outros, não se vitimizou em função de sua deficiência, não fugiu do confronto que tinha diante de si. Jogou para viver a sua própria jornada de herói, do chamado à aventura ao retorno com o elixir. Vou ser bem claro: Wendel tocou o terror naquele jogo. Durante todo o tempo, demonstrou concentração, habilidade e uma alegria de fazer inveja. Deu uma verdadeira lição.

A PERGUNTA QUE FAÇO É: SE O TRABALHO, NO QUAL AINDA PASSAMOS A MAIOR PARTE DO NOSSO DIA, AINDA É UM PADECIMENTO, SERÁ QUE É PRECISO MUDAR O QUE FAZEMOS? OU A FORMA COMO O FAZEMOS?

A Revolução 4.0 nos instaura em um lugar muito especial, visto que:
- O trabalho pode hoje ser feito de qualquer lugar;
- Há toneladas de dados disponíveis, inclusive cursos gratuitos de universidades internacionais;
- É possível ter acesso fácil a pessoas com conhecimento, experiência e habilidades diferentes das nossas, residentes em várias partes do mundo;
- As jornadas podem ser cada vez menores e flexíveis para aproveitar a vida, não no futuro, mas no presente.

Por que é que não ousamos mais, como Wendel?

Por que nos dispomos a viver não só um trabalho, mas também uma rotina, que não nos dá prazer, não agrega conhecimento, não tem sentido ou significado?

Por que abrimos mão da nossa identidade?

Por que há tantos "Marcelos" neste mundo?

A resposta, na minha concepção, é que o ser humano passa por mais uma mutação. Muitos de nós estamos descobrindo as vantagens de viver como *Homo Ludens*. Esse termo foi criado em 1938 por Johan Huizinga, historiador e linguista holandês, que foi capturado pelos nazistas e morreu em um campo de concentração.

O *Homo Ludens* insere leveza e diversão na vida racional do *Homo Sapiens*, algo que o *Homo Faber* nem ousava experimentar para não desordenar o modelo cartesiano. O seu "jeito de ser" e a forma como enfrenta a vida não são uma brincadeira, embora sejam percebidos como tal. De acordo com a teoria de Huizinga, esse "estilo de vida" pode servir a um propósito biológico do ser humano.

Nas próximas páginas, quero levar você além. Pretendo mostrar uma metodologia para despertar o *Homo Playfulness* que há dentro de toda e qualquer pessoa — sim, inclusive, você. É um convite para uma nova forma de encarar o seu trabalho e, também, qualquer desafio da sua vida.

Por isso, respire fundo e prepare-se para se transformar em um ~~X-Men~~ *Homo Playfulness*.

SERÁ QUE É PRECISO MUDAR **O QUE FAZEMOS**? OU A **FORMA COMO O FAZEMOS**?

@lucasfrancofreire

CAPÍTULO 2

SOU CRIANÇA E CONHEÇO A VERDADE

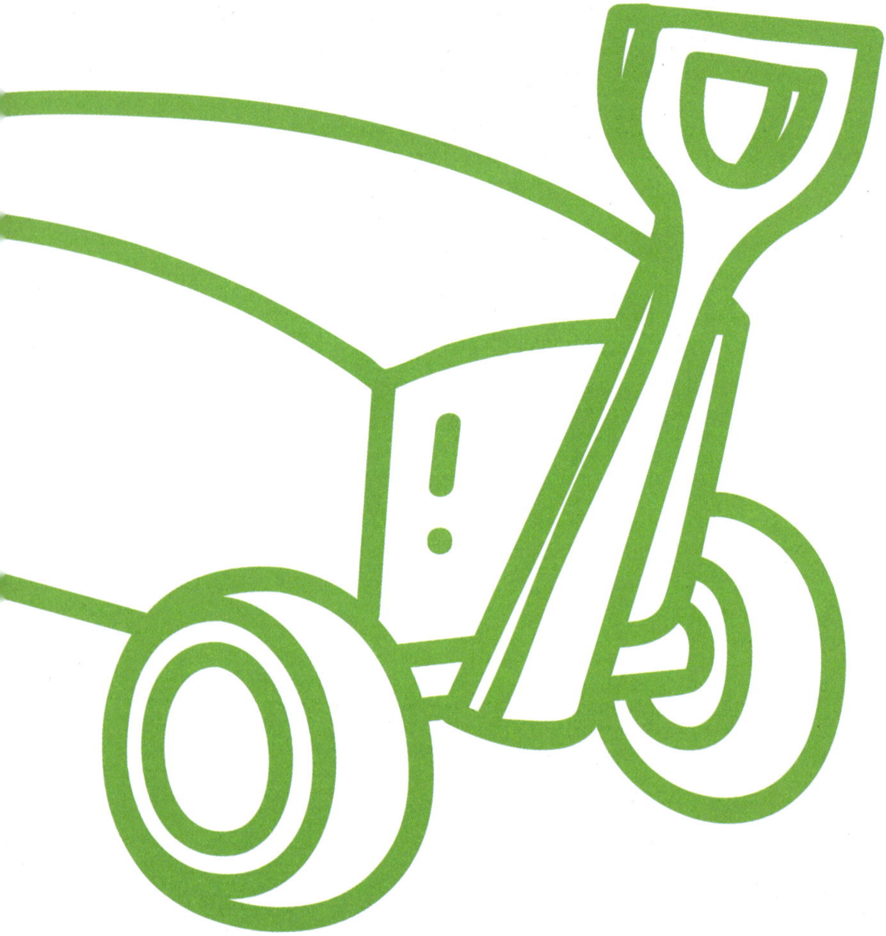

SOU CRIANÇA E CONHEÇO A VERDADE

Em 12 de outubro de 2018, eu estava no aeroporto de Copenhague, capital da Dinamarca, prestes a embarcar para o Brasil, quando o meu telefone tocou. Olhei no visor e logo reconheci o número — era o meu pai. Meu coração parou.

Para os dinamarqueses, o clima estava ameno: 10 graus, em média. Para mim, nascido e criado na praia da Barra, em Salvador, Bahia, fazia frio, muito frio. Com aquela ligação, o termostato despencou ainda mais. Meus ossos gelaram e passei a respirar com dificuldade. Movimentei, em câmera lenta, meu dedo para aceitar aquela ligação. Confesso: senti medo do que estava por vir.

"O que aconteceu, pai?", perguntei, dispensando qualquer cumprimento. Para mim, as evidências de que algo grave havia ocorrido eram claras:

1. Meu pai nunca me liga. Os recados são sempre passados pela minha mãe.
2. Ele sabia que eu estava no exterior.
3. Estudos apontam que duas de cada dez ligações fora de hora são más notícias; as demais, telemarketing.

Como se isso não fosse o bastante, eu vivia um dos momentos mais importantes da minha vida. Estava completamente desconectado da rotina e, principalmente, do noticiário brasileiro. Se você não lembra, o Brasil pegou fogo em 2018: intervenção militar no Rio, assassinato de Marielle Franco, refugiados venezuelanos chegando em massa, incêndio no Museu Nacional, prisão do ex-presidente Lula, morte de Mestre Moa e eleições presidenciais.[32] Essas foram somente algumas das notícias que monopolizaram as manchetes e as conversas on e off-line.

Enquanto os ânimos nos mais diversos círculos se acirravam, eu vivia a *bliss*, o êxtase. Sentia a felicidade inundando todos os meus poros, em plena terra dos vikings ou, se preferir, dos contos de fadas. Foi em uma vila de pescadores da Dinamarca que, outrora, nasceu um menino pobre de dinheiro, mas rico na imaginação. Hans Christian Andersen, que adorava dançar e atuar, acabou escrevendo mais de duzentas histórias[33] — entre elas, *O Patinho Feio* e *A Pequena Sereia*,[34] cuja estátua de apenas 1m25 virou um dos cartões-postais de Copenhague. Eu estava completamente mergulhado nesse universo mágico, deixando para trás qualquer preocupação ou agitação.

Só que, ao escutar meu pai dizer sem pressa "Oi, filho. Tudo bem? Pode falar?", minhas glândulas adrenais despejaram, sem dó nem piedade, toda adrenalina e cortisol acumulados durante a semana de *bliss*. Quase gritei "arranca logo o band-aid, pai!", mas me controlei, sabe lá Deus como, e só insisti: "Claro, pai, diga. O que aconteceu?". Tentei disfarçar a ansiedade, mesmo preferindo que a notícia fosse dada na lata, de uma só vez. Afinal, já não era mais criança. Ou assim eu achava.

"Não é nada, não, filho", respondeu meu pai, "só estou ligando para lhe dar parabéns pelo dia das crianças."

Ao ouvir aquilo, senti que o termostato do aeroporto tinha desregulado de novo — alcançando, dessa vez, uma temperatura tropical. Minhas bochechas ficaram quentes. Respirei fundo e fiz o download daquela informação gradualmente, sem saber o que mais me chocava:
- A ligação internacional;
- A ligação internacional pelo Dia das Crianças;
- A ligação internacional pelo Dia das Crianças para um homem barbado de mais de 30 anos.

Tirei o casaco, sentei na primeira poltrona que encontrei e dei um grande gole de água, antes de conseguir balbuciar qualquer palavra não violenta para fazer jus àquele momento que muitos descreveriam como… fofo!

Ainda estava meio perturbado quando entrei no avião. A palavra *criança* ecoava na minha cabeça e embaralhava meus sentidos. Demorei a me acomodar na poltrona e, quando as turbinas foram ligadas, eu, meio sem querer, decolei rumo à minha história.

O caminho de volta

Minha viagem no tempo não foi muito linear. O meu subconsciente foi abrindo janelas e fazendo hiperlinks para diferentes fases da minha vida. Primeiro, me vi como um jovem adulto, ganhando presentes dos amigos justamente no Dia das Crianças. Fato, isso aconteceu várias vezes. É um daqueles momentos em que você percebe o senso de humor da vida — ainda que não ache graça nenhuma na piada. Opa! Será que era *bullying*?

Pense bem: enquanto eu tentava encontrar meu caminho e até me afirmar como um ser independente, as pessoas ao meu redor se reuniam para celebrar o meu espírito pueril. Era praticamente uma deturpação da síndrome de Peter Pan: eu não tinha dificuldade de me enxergar como adulto, mas, aparentemente, o resto das pessoas, sim.

O incômodo começou, então, a se transformar em um enigma. De onde vinha isso? E por que, afinal, eu me incomodava?

Logo me transportei para a sala da casa dos meus pais, em um prédio de apenas três andares na Barra. Foi lá que vivi minha a infância, a minha adolescência e parte da minha vida adulta. Sou o caçula de três irmãos, filhos de um médico e de uma filósofa e museóloga. Para ter atenção, desenvolvi estratégias — tornei-me o piadista da família, divertindo a todos nos eventos familiares com o "show do Lucas".

Por trás do humor aguçado, havia também um ser sedento por conhecimento. Eu adorava surrupiar os livros de minha mãe e cheguei a sequestrar alguns deles, como *A história da filosofia*, de Will Durant, quando fui morar com minha esposa, Talita. Essas obras, certamente, me ajudaram a desenvolver minha retórica, o que talvez explique o fato de ter assumido de forma natural um papel de liderança na escola, na faculdade e até na pós-graduação. Ao longo de toda a minha vida escolar e acadêmica, sempre fui o representante da sala. Por coincidência, se é que você acredita nisso, uma das principais missões confiadas a mim hoje é justamente o desenvolvimento de lideranças.

> ## PEGA ESTA!
>
> O bobo da corte, um personagem tão emblemático nas peças de William Shakespeare, de bobo nunca teve nada. Por trás de toda graça, havia muito jogo de cintura e oratória para revelar à nobreza as mazelas da sociedade. É isso mesmo: reis, rainhas e seus ilustres cavalheiros ouviam dele verdades que ninguém mais tinha coragem de dizer.
>
> De acordo com Nachman Falbel, historiador da Universidade de São Paulo, esses profissionais da Idade Média "possuíam várias habilidades: versejavam, faziam malabarismos e mímica. Eram, principalmente, gente com talento, sabedoria e sensibilidade para divertir os outros."[35]
>
> Centenas de anos depois, os bobos da corte ainda existem — não usam mais as roupas espalhafatosas do passado, tampouco escondem seus rostos atrás de máscaras. Assumiram diferentes posições no mercado de trabalho para denunciar, com sagacidade, a vida dentro e fora dos círculos e bolhas. E tem mais: diversos estudos reforçam que, quando bem dosado, o humor tem também outros benefícios. Cito três: ele pode incrementar a criatividade e a produtividade, além de reforçar o sistema imunológico.[36] #ficaadica

O que provavelmente me ajudou a assumir esse papel e a desenvolver a minha oratória foi o fato de eu ter crescido praticamente em dois universos. De um lado, a educação e o círculo de amizades formado dentro de um colégio católico privado, um dos mais tradicionais de Salvador, no qual eu e meus amigos, oriundos de famílias de médio e alto poder aquisitivo, tivemos uma boa base teórica, talhada pela disciplina, pelo controle e pela repetição. De outro, a educação e o círculo de amizades formado na rua. Esse era o meu playground, um local democrático, onde passava a maior parte do meu tempo e interagia não só com amigos do colégio, como também com crianças que viviam em condições completamente diferentes da minha, moradoras da favela erguida a uma quadra da minha casa. Nesse ambiente, aprendi a conviver com a diferença e com o diferente. Aprendi a gerenciar conflitos, a dialogar, a ser criativo e a improvisar.

Como boa parte dos jovens, tive que enfrentar batalhas internas e externas na hora de decidir a carreira a seguir. Meus irmãos não tinham escolhido a profissão de meu pai, e eu, o caçula, também não me via apto a cumprir a profecia familiar. Eu não sabia bem o que queria — sabia apenas que medicina não era o meu caminho. No final, prestei vestibular para informática, influenciado por alguns amigos da rua que faziam escola técnica, e psicologia, uma sugestão de minha mãe. Escolhi ingressar nesta última e, dois anos depois, entrei também em ciências sociais na Universidade Federal da Bahia, o que aflorou meu engajamento com o movimento estudantil.

Esse foi um período de expansão de horizontes: explorei todos os ramos possíveis, fiz estágio em "manicômio" (hoje chamado de Hospital de Custódia e Tratamento) e me identifiquei com a psicologia organizacional, que flerta com a sociologia, ao cuidar da relação entre trabalho e indivíduo. Gosto sempre de citar Renaud Sainsaulieu, para quem uma empresa "é uma verdadeira instituição secundária de socialização, a qual, após a escola e a família, modela atitudes, comportamentos, a ponto de produzir uma identidade profissional e social".[37]

Depois de formado, fui trabalhar no polo petroquímico, uma das zonas industriais mais importantes da Bahia, e em consultorias. O episódio mais marcante, que me causou minha primeira grande frustração e também uma demissão, foi a visita que recebi, dentro de uma dessas empresas, de um matemático que desenvolvia jogos. Ele queria patrocínio para o seu projeto e eu, sem pensar muito, lhe fiz uma contraproposta: "E se transformássemos esses jogos em uma ferramenta de desenvolvimento de competências comportamentais?".

Que experiência eu tinha? Nenhuma. Alguma coisa, porém, me dizia que bastava estudar a essência desses jogos para encontrar a melhor forma de aplicá-los. Confiei totalmente na minha intuição — e, ao fazer isso, recordei as brincadeiras da minha infância.

Aquela rua onde cresci foi um laboratório de protótipos, um espaço aberto para a criatividade. Eu e meus amigos éramos verdadeiros MacGyvers, construindo brinquedos com o que tínhamos em mãos. Quando o filme *Highlander: o guerreiro imortal*, com Christopher Lambert no papel de Connor MacLeod, virou sensação na década de 1980, organizamos um campeonato de espadas feitas com cabos de vassoura e galhos de árvores, também usados, aliás, como tacos de hóquei. Latas de leite, em nossas mãos, viravam carrinhos, enquanto vassouras, elásticos e pregadores de roupa se tornavam armas. Calma, calma! Havia também brincadeiras menos perigosas, como o campeonato de tampinha na areia, em um terreno baldio, que me rendeu muito bicho geográfico (larva migrans cutânea) no pé.

Pode parecer bobagem, mas essa engenhosidade para criar brinquedos e brincadeiras me ajudou a ter um "mindset de crescimento", termo cunhado por Carol Dweck, psicóloga e professora da Stanford University. Em *Mindset: a nova psicologia do sucesso*, ela analisa:

> "Você pode agora perceber como a crença de que é possível desenvolver as qualidades desejadas cria uma paixão pelo aprendizado. Por que perder tempo provando a si mesmo suas qualidades se você pode se aperfeiçoar? Por que ocultar as deficiências, em vez de vencê-las? Por que procurar amigos ou parceiros que nada mais farão do que sustentar sua autoestima, em vez de outros que o estimularão efetivamente a crescer? E por que buscar o que já é sabido e provado em vez de experiências que o farão se desenvolver?
>
> A paixão pela busca de seu desenvolvimento e por prosseguir nesse caminho, mesmo (e especialmente) quando as coisas não vão bem, é o marco distintivo do mindset de crescimento. Esse é o mindset que permite às pessoas prosperar nos momentos mais desafiadores de suas vidas.[38]"

Essa vontade de construir, inventar, aperfeiçoar algo para um determinado fim foi uma semente que plantei na minha infância e que começou a germinar quando passei a estudar jogos de domínio público para desenhar mecânicas e treinamentos que ajudassem as pessoas a desenvolver competências exigidas pelo mercado de trabalho.

Surgiu, assim, a minha primeira empresa de jogos para a educação. Eu mergulhava na criação e deixava a aplicação para os meus sócios. Para mim, esse ainda não era um trabalho *full time*, mas um investimento, quase um hobby. Quando a empresa começou a render, as divergências também ficaram mais polpudas. Nossa visão sobre o negócio era completamente diferente. Além de sacaneado, fui, assim como Steve Jobs, demitido da empresa que ajudei a criar.

> **PEGA ESTA!**
>
> Há vários motivos para a utilização de jogos no universo corporativo. Para começar, eles mexem com o nosso cérebro ao ativar o sistema de recompensa, que é absolutamente primitivo e está conectado à sensação de prazer e satisfação.
>
> Embora aconteça em um ambiente seguro, o jogo replica desafios do dia a dia: objetivos, metas e uma série de outras variáveis, que demandam engajamento, colaboração e resiliência. Quanto mais envolvimento, mais real aquela situação se torna. Fica, assim, bem mais fácil e agradável assimilar o conteúdo e desenvolver competências e habilidades dessa forma do que simplesmente se sentar em uma cadeira para assistir a aulas expositivas.
>
> Embora a palavra gamification tenha entrado para o dicionário corporativo há alguns anos, poucas são as empresas que investem nesse recurso para interagir melhor, seja com o seu público interno, seja com o externo.

Quando fui à Dinamarca, as cicatrizes do empreendedorismo já cobriam algumas partes do meu corpo. Meu espírito, porém, permanecia intocado. O humor e a criatividade eram o meu diferencial, além de estopim para a combustão que eu provocava nos clientes com as minhas ideias.

O início não foi fácil. Eu era ainda muito garoto e queria ser levado a sério. Na ânsia para me impor, mudei meu *look* para parecer mais velho — deixei a barba crescer, renovei o guarda-roupa e até óculos passei a usar. A People2People surgiu inicialmente como uma empresa focada em recrutamento e seleção, mas logo os pedidos de eventos começaram a surgir. Investi no que acreditava: desenhei experiências capazes de gerar emoções e memórias positivas, que inspirassem indivíduos a mudar comportamentos, impulsionando sua performance e produtividade. Eu não tinha dúvidas de que os jogos eram ótimas ferramentas para isso.

Quando olho para atrás, sinto muito orgulho do que construí. Não havia método — mas, sim, criatividade e muita ralação para entregar experiências transformadoras.

- Ampliei jogos de tabuleiro para tamanhos gigantes, em uma versão tímida do desafio de xadrez enfrentado por Harry Potter e Hermione em *A pedra filosofal*, para que os participantes pudessem experimentar diversos tipos de comportamentos;
- Utilizei meu lado *storyteller* para desenvolver o Treinamento Biográfico, que utiliza a história de uma personalidade. É o caso do *Segredo de Madiba*, que surgiu após conhecer a história de Nelson Mandela, em uma viagem de férias para a África do Sul;
- Durante uma visita ao Museu de Marinha, em Portugal, tive a ideia de criar o *Descobridor dos Sete Mares*, uma palestra provocadora, em que apareço vestido de comandante de navio para atrair a atenção da plateia e conduzi-la em uma reflexão sobre como encarar as adversidades da vida e fugir dos piratas corporativos que sabotam a equipe e a empresa.
- Até o Olodum eu convoquei para um *team building*, aperfeiçoando a sintonia entre os integrantes da equipe.

Até então, tudo para mim se dava de forma instintiva. A única certeza que tinha era de o jogo não ser o diferencial. Meu objetivo era que as pessoas carregassem para os seus ambientes de trabalho e para as suas casas um novo mindset ou um comportamento que influenciasse positivamente a sua vida e o seu entorno.

Cada jogo, cada regra, cada mecânica era pensada para provocar, instigar e mudar comportamentos, em um ciclo virtuoso de história-experiência-reflexão-mudança. Com o tempo, fui aprimorando a sequência e aprofundando os resultados. Às vezes, um detalhe em uma regra pode ter muito impacto no desenvolvimento de habilidades e competências. Fui me especializando em entender as correlações entre experiências e aprendizados, com toda sua complexidade e sutileza.

Os feedbacks dos clientes serviram como uma motivação extra. Eles compraram minhas maluquices e, com o tempo, mudaram suas demandas: já não me pediam mais propostas de eventos, mas ajuda para solucionar os seus problemas. Uma grande companhia do setor petroquímico, por exemplo, me procurou logo após sofrer um apagão histórico, porque precisava despertar o senso de urgência e emergência na sua equipe, de forma a não só evitar novas ocorrências, como também investir em ações de maior valor agregado. A planta ficou inativa por mais de um mês para sanar todos os problemas decorrentes do apagão. Um prejuízo e tanto!

Foi assim que surgiu o *Apolo 13*, um treinamento inspirado no lendário projeto espacial norte-americano, impedido de pousar na Lua após a explosão de um dos tanques de oxigênio. Embora a missão tenha sido um fracasso, a conduta dos tripulantes, com o apoio da equipe da Nasa na Terra, tornou-se referência na superação de adversidades. Ainda que com atraso, Hollywood lançou um drama baseado nessa história, com Tom Hanks, Bill Paxton e Kevin Bacon como os astronautas Jim Lovell, Fred Haise e Jack Swigert, respectivamente. A obra ganhou dois Oscar em categorias técnicas (som e edição) e imortalizou a frase *"Houston, we have a problem!"*.

A essa altura, minha vida já tinha mudado completamente. Deleguei o gerenciamento da área de recrutamento e seleção da minha empresa para outra pessoa a fim de mergulhar cada vez mais fundo nos treinamentos. Criei uma rotina completamente Vuca,[39] em que cada proposta exigia muita dedicação — da criação ao desenvolvimento. Assim como nunca cerceei minha criatividade nem duvidei da minha capacidade de execução, não medi esforços para transformar qualquer ideia em realidade — pelo contrário, isso se tornou uma obsessão!

E não estou exagerando. Numa ocasião, fui convidado para realizar uma palestra e uma dinâmica de desenvolvimento de equipes, para duzentos líderes de uma multinacional alemã do setor automotivo, cujo tema seria excelência operacional. A empresa estava totalmente aberta a ouvir ideias que pudessem unir provocações comportamentais e que, ao mesmo tempo, tornassem o evento uma experiência inesquecível.

Deixei a imaginação ir longe e apresentei ao cliente duas ideias bem diferentes. A primeira seria simularmos uma fábrica de foguetes; a dinâmica seria realizada com a construção, o lançamento e a recuperação de setenta pequenos foguetes. Descobri, na internet, um professor de física em uma universidade do Paraná que era especialista no assunto e tinha como hobby espaçomodelismo. Isso mesmo, ele fazia pequenos foguetes em escala, extremamente detalhados, e lançava-os a alturas de até um quilômetro. Encomendei um foguete Saturno V (o tipo que levou os homens à lua) para testar e desenhei o evento com a metáfora da exploração espacial e da excelência necessária para esse tipo de empreitada. Falei em detalhes sobre o evento ao professor, e ele, muito animado, me disse que mandaria de brinde diversos motores para que eu testasse. Antes de mandar o foguete, o professor me alertou para tomar cuidado e que eu solicitasse autorização da Aeronáutica. Achei estranho. Descobri, quando o foguete chegou, que os "motores" são, na verdade, pequenas dinamites que lançam os bichinhos para cima a toda velocidade. Fiquei fascinado para fazer esse evento.

A segunda proposta, que a princípio não me animou tanto quanto a dos foguetes, seria uma fábrica de rodas-gigantes de Lego. A primeira roda-gigante, ou roda de Ferris, no formato que conhecemos, foi lançada na Exposição Universal de Chicago de 1993, feita para rivalizar com a Torre Eiffel que tinha sido apresentada na feira anterior, em 1889. Esse evento era uma verdadeira competição da excelência e dos talentos humanos e seria uma ótima metáfora para o meu evento. Só havia um problema: eu não achava a roda-gigante da Lego para comprar em lugar algum, nem fora do Brasil.

Apresentei as propostas, e, por razões óbvias de segurança, o cliente optou pela roda-gigante. A ideia da roda-gigante ficou mais interessante para mim quando, depois da aprovação do cliente, precisei comprar as rodas. Não achei as rodas da Lego, e um amigo, fanático por peças de montar, me apresentou uma solução bem mais complexa: o kit da empresa francesa K'Nex.

Foi aí que descobri que não podia ter limites para realizar os eventos (com segurança, é claro). Consegui encomendar cinco kits. Mas eles não foram para a minha cidade: foram parar no Paraguai! Minha assistente, na época, viveu a aventura de cruzar a fronteira com cinco malas repletas de peças de montar, no maior contrabando de peças de montar da história do Brasil. As rodas chegaram sete dias antes do evento, eram enormes, e eu ainda precisava refazer todos os manuais para criar a dinâmica e a mecânica do jogo para um evento com duzentas pessoas.

E antes de convidar os líderes da empresa para montar uma roda-gigante com 1,82m de altura, eu mesmo passei 28 horas ininterruptas construindo o brinquedo a partir de 8.550 peças de K'Nex. Minha maior satisfação ocorreu quando vi três rodas-gigantes em ação, construídas pelo time de duzentas pessoas da fabricante de pneus e peças automotivas. O esforço valeu a pena! A experiência foi incrível!

QUER VER ESSA CENA?
ESCANEIE O *QR CODE*!

É claro que essa jornada também é pavimentada de frustrações. Já flopei várias vezes. Cansei de ver semanas, e até meses, de trabalho sendo engavetadas ou descartadas porque a ideia, no final, não era viável. Desenhei, por exemplo, um treinamento completamente disruptivo, no qual os líderes de uma indústria teriam que construir uma fábrica de foguetes. Já tinha até acertado o local — um espaço de aeromodelismo. Descobri, no entanto, que é preciso pedir autorização da Aeronáutica para uma empreitada desse tipo.

Alô, Salvador, we have a problem...

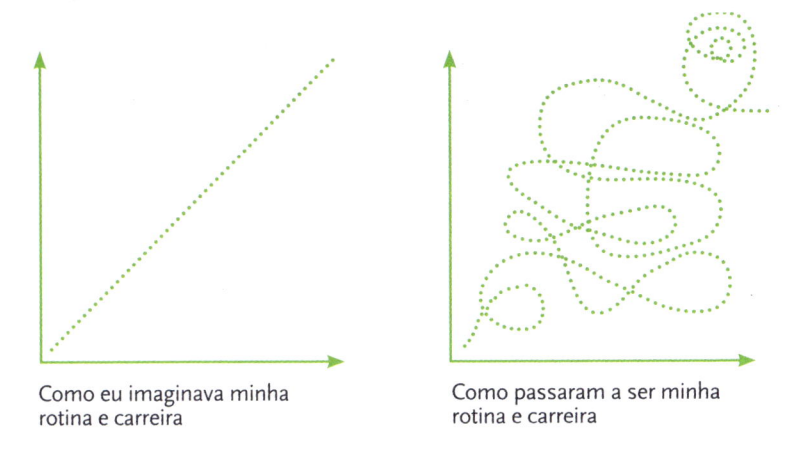

Como eu imaginava minha rotina e carreira

Como passaram a ser minha rotina e carreira

Em busca de metodologias, para minar um pouco a imprevisibilidade do meu trabalho e tornar o processo mais ágil, descobri, em 2014, o Lego® Serious Play®. Imagine só que, antes mesmo de a internet ser criada, a empresa de brinquedos criada em 1932 começou a ser engolida pelos videogames. Com as vendas despencando, a Lego decidiu mudar sua estratégia e focar mais os produtos voltados para a educação. Começou pensando nas crianças, para depois invadir o mundo corporativo com ajuda da IMD Business School, uma das principais escolas de negócios do mundo, que comprovou os benefícios da aplicação do método em adultos.[40]

Não perdi tempo: logo me certifiquei com a Paquisa Mazzola, fundadora da Smart Play,[41] de quem também me tornei sócio, como facilitador pela Associação de Master Trainers, que representa o criador do método Robert Rasmussen. O Lego® Serious Play® tornou-se, assim, mais uma linha de trabalho da educação experimental que promovo, totalmente inspirada nas teorias da revolução cognitiva — que entendem a aquisição de conhecimento como um processo no qual se confere um sentido — e na psicologia experimental — que promove a valorização da intuição e das experiências individuais para ressignificação de comportamentos e transformação do coletivo.

==DESSA FORMA, MEUS TREINAMENTOS SÃO UM CONVITE LÚDICO, DIDÁTICO E EFICAZ PARA REPENSAR PROCESSOS E ROTINAS POR MEIO DE UMA CONSTRUÇÃO COLETIVA, CULMINANDO EM MUDANÇAS E MELHORIAS NA FORMA DE TRABALHAR E DE VIVER.==

No entanto, só entendi o potencial do que faço ao visitar Billund, na Dinamarca, para participar de uma reunião da comunidade de facilitadores. A Lego House,[42] ou Casa Lego, fica a pouco menos de três horas de distância de Copenhague. Ocupa um terreno de 12 mil metros e é parte de um império que conta ainda com parque temático e resort (Legoland), além da fábrica e do escritório corporativo. Uma breve visita ao vasto acervo bibliográfico derruba qualquer mimimi ou resistência de pessoas sobre a aprendizagem com Lego. Nessa biblioteca, você não encontra só a história da marca, que chegou a destronar a italiana Ferrari como a mais poderosa do mundo, mas argumentos pedagógicos para a utilização "desse brinquedo" como ferramenta de educação. O seu propósito, aliás, é muito parecido com o defendido pelo patrono da educação brasileira, Paulo Freire, já que fomenta a autonomia ao promover a apropriação do conhecimento.

Quase enlouqueci naquele lugar — não só com a Creative Idea House, algo como a Casa das Ideias Criativas, onde os produtos são desenvolvidos, mas também com as pessoas que conheci. Oriundas das mais diferentes partes do globo, elas tinham formações e experiências distintas das minhas. A essência, porém, era a mesma. Carregávamos o mesmo brilho no olhar, o mesmo sorriso maroto diante de novas possibilidades de criar e de fazer.

VOCÊ JÁ VIU?

Em 2005, Steve Jobs participou de uma formatura em Stanford e falou não só sobre a Apple, mas também a respeito de sua trajetória e de sua filosofia de vida. Uma das histórias que ele compartilhou com uma plateia de jovens ansiosos para construir um futuro tão bem-sucedido quanto o dele fala sobre "conectar os pontos". A vida não é linear, não é uma sucessão de fatos diretamente relacionados, mas uma série de escolhas, muitas vezes, impulsivas e incoerentes que nos levam a caminhos jamais imaginados. Foi assim com ele, que largou a faculdade e frequentou aulas de caligrafia, atividade que Jobs considerava fascinante. Uma década depois, o Macintosh tornou-se o queridinho do mercado pelo design ousado e tipografia única. "De novo, você não consegue conectar os pontos olhando para frente. Você só os conecta quando olha para trás. Então tem que acreditar que, de alguma forma, eles vão se conectar no futuro. Tem que acreditar em alguma coisa — sua garra, destino, vida, karma ou o que quer que seja. Essa maneira de encarar a vida nunca me decepcionou e tem feito toda a diferença para mim." Se você não conhece essa história, não deixe de acessar a página da Stanford University no YouTube.[43]

E foi durante a viagem de volta ao Brasil que tive um insight. A ligação do meu pai provocou uma série de sinapses e conectou pontos que pareciam tão díspares. Ficou claro para mim que o meu lado infantil sempre impulsionou a minha imaginação e me levou a ser, na vida adulta, um engenheiro de ideias, fazendo do meu ganha-pão o combate diário ao engessamento promovido pelo mercado de trabalho e pela vida contemporânea.

Ao revisitar os marcos da minha vida e a forma como escolhi viver, descobri mais do que o meu propósito — descobri uma metodologia capaz de transformar positivamente o trabalho e a vida das pessoas.

Playfulness

Ao contrário do que muita gente pensa, a criatividade é uma característica intrínseca a todo e qualquer ser humano — não só a gênios como Leonardo da Vinci e Albert Einstein. Ela é fruto do emprego da paixão, da curiosidade e da determinação, em quantidades absurdas, para resolver problemas e fazer a diferença.

É por isso que a criatividade está no centro da metodologia que criei, permitindo a qualquer pessoa remodelar sua forma de trabalho e de viver. O **Playfulness** é um conjunto de ferramentas para responder, com leveza e originalidade, as incertezas, as contradições e as ambiguidades da hipermodernidade.

Ao se apoiar na palavra *play*, você pode achar que se trata de uma brincadeira — mas não é. Tampouco, um jogo. É uma experiência, um convite a restaurar a diversão e a esculpir um novo mundo. Nos workshops, antes de falar de *play*, gosto de convidar a plateia a abraçar o poder do *sim*. Esse é um jogo de improviso que aprendi no curso de teatro e que torna claro como rechaçamos ideias novas e deixamos de construir coisas mais incríveis.

Ao longo da vida, criamos armaduras para nos proteger de pessoas, da exposição a julgamentos.

Perdemos, assim, a espontaneidade, uma característica tão apreciada na criança e um alicerce determinante para a criatividade.

TEMOS TANTO **MEDO DA DECEPÇÃO** QUE DEIXAMOS PASSAR DIVERSAS **OPORTUNIDADES**. REPELIMOS **O DIFERENTE, O NOVO E O DESCONHECIDO**, SEM SEQUER RACIOCINARMOS DIREITO.

@lucasfrancofreire

> **VOCÊ JÁ VIU?**
>
> A superpoderosa Shonda Rhimes, criadora, roteirista e diretora de séries como *Grey's Anatomy*, *Scandal* e *How to Get Away with Murder*, impôs-se o desafio de dizer sim durante um ano a todas as experiências que considerava "assustadoras".
>
> Workaholic assumida e completamente apaixonada pelos universos que construía, ela enfrentou medos antigos, como falar em público, além de tarefas para as quais não tinha tempo na agenda. Ao sair de sua zona de conforto, Shonda conta que se reconstruiu.
>
> Descobriu, acima de tudo, uma nova forma de viver. Não perdeu o controle do seu mundo, mas o tornou bem mais amigável, amoroso e divertido.
>
> "Quanto mais eu brinco, mais felizes eu e minhas filhas ficamos. Quanto mais eu brinco, mais sinto que sou uma boa mãe. Quanto mais eu brinco, mais livre minha mente fica. Quanto mais eu brinco, melhor eu trabalho. Quanto mais eu brinco, mais sinto o zumbido, a nação que estou construindo, a maratona que corro, as equipes, a tela, a nota aguda, o zumbido, o outro zumbido, o verdadeiro, o zumbido da vida. Quanto mais sinto esse zumbido, mais esta 'não titã' estranha, trêmula, libertada, desajeitada, novinha em folha e viva se parece comigo. Quanto mais sinto esse zumbido, mais eu sei quem sou. Eu sou escritora, invento coisas, imagino. Essa parte do trabalho, isso é viver o sonho. Esse é o sonho do trabalho. Porque um trabalho dos sonhos deve ser um pouco sonhador. Eu disse sim para menos trabalho e para mais brincadeira."
>
> Se você não conhece essa história, não deixe de acessar a página do TED,[44] em que Shonda compartilha essa experiência.

Eu não escolhi a palavra *play* por acaso, mas por uma questão linguística. Embora a entendamos como brincar ou jogar, sua tradução transcende esses dois verbos. Costumo dizer que ela é transcultural: denota criar, atuar, tocar, encenar, agir e muitas outras coisas. É uma palavra transgressora, que faz oposição direta ao sofrimento do trabalho, que a própria Shonda vivia, assim como muitas outras pessoas, e da rotina opaca, repleta de compromissos, sem momentos de descontração e de realização.

Por isso eu digo que o **Playfulness** é um convite ao verdadeiro protagonismo. É uma reflexão sobre "o que" fazemos e "como" fazemos. É uma provocação à tragédia grega moderna — o destino do herói, outrora relegado aos deuses ou ao acaso, hoje é determinado pela hipermodernidade. É um chamado à transformação ao revelar uma nova forma de olhar para o mundo, para o trabalho e para a própria vida. Não se trata de pintar um retrato perfeito, de tapar as imperfeições, de ser otimista ao extremo, mas de adotar uma abordagem realista, de tirar proveito das adversidades e de extrair dela valiosos aprendizados, além do doce saber da realização.

Playfulness é um manifesto para resgatar a capacidade de se maravilhar com o mundo, apesar de tudo e de todos. É uma tentativa de recuperar e multiplicar o encantamento pela vida e pelo trabalho, ainda que isso exija concentração, estudo e dedicação, a exemplo de um jovem nascido no século XV, que, mesmo sem uma educação formal, preencheu 7.200 páginas de cadernos com pensamentos, impressões e desenhos. Tudo o instigava: da língua do pica-pau à musculatura humana observada criteriosamente em necrotérios e hospitais, em retratos tão minuciosos que nem os livros de medicina traziam.

A essa altura, você já deve saber que me refiro a Leonardo da Vinci. "Então, mesmo que jamais sejamos capazes de equiparar seus talentos, podemos aprender com ele e tentar ser um pouco mais como ele era", sugere o jornalista e escritor Walter Isaacson,[45] biógrafo do artista italiano e também de nomes como Steve Jobs e Albert Einstein. O físico alemão, aliás, dizia não ter um talento especial – somente uma curiosidade aguçada, assim como a de Da Vinci. Ambos encontravam prazer no que faziam, apesar de tudo e de todos. "Você e eu jamais deixaremos de agir como crianças curiosas perante o grande mistério no qual crescemos", escreveu Einstein a um amigo, segundo Isaacson.[46]

Ancorado na aprendizagem experiencial, o **Playfulness** tem quatro pilares, inspirados em teorias de pensadores contemporâneos que muito me influenciaram. São princípios fundamentais que podem ser aplicados tanto isoladamente quanto em conjunto, estimulando o desbloqueio da criatividade e a obtenção de respostas mais satisfatórias a problemas complexos.

São eles:

TEORIA DO FLOW	TENSÃO CRIATIVA
Como realizar e me realizar	Como ser criativo na adversidade
RESILIÊNCIA ESTOICA	**LUDICIDADE**
Como controlar sem controlar	Como não perder a leveza

Vamos conversar muito sobre essas quatro teorias nos próximos capítulos. Por ora, gostaria de contar a história de Nathan,[47] um advogado de Wall Street que vivia sob intensa pressão. O salário de seis dígitos, em troca de negociações bilionárias, não era tão motivador quanto se sentar ao redor de peças de Lego e criar o que viesse à mente. Ele começou seguindo as instruções das caixas, passou a reproduzir objetos que tinha em casa e, então, partiu para réplicas de pinturas e personagens famosos, como *O grito*, de Edvard Munch, e o Super-Homem — tudo com Lego. Não foi fácil convencer uma galeria nova-iorquina a expor suas "criações". Sua insistência, porém, valeu a pena: suas obras, ainda que incomuns ou polêmicas, hoje rodam o mundo e integram o acervo de personalidades como Lady Gaga e Bill Clinton. "A única razão de participar de exposições é inspirar as pessoas a irem para casa e explorarem a sua própria criatividade", revelou em entrevista à CNBC[48] em 2013.

Acredite em mim: você não precisa mudar de carreira nem mexer com Lego, se não gostar.

==AO ADOTAR O **PLAYFULNESS**, VOCÊ PODE SIMPLESMENTE SE RECONECTAR COM O SEU TRABALHO E A SUA ROTINA, REDESCOBRINDO O PRAZER NO SEU DIA A DIA.==

Se eu puder lhe fazer um pedido, é este: abandone agora qualquer expectativa. Deixe-me guiá-lo nessa jornada. Deixe-se surpreender com o que surgir nela.

PLAYPRÓSITO

O seu propósito Playfulness

A partir de agora, a cada capítulo, vou sugerir um exercício criativo a você. Para começar, responda:

- O que é *play* para você?
- Onde encontra ou pode encontrar isso no seu trabalho ou na sua rotina?

O convite que faço aqui, como já deve ter percebido, é para que se envolva com alguma atividade lúdica. Pode ser alguma coisa que fazia na infância ou um hobby que desenvolveu na vida adulta. Talvez seja uma vontade ainda não explorada, adiada por anos e anos a fio por quaisquer motivos.

O objetivo desse exercício é encontrar uma atividade na qual possa trabalhar sua criatividade, a leveza e até a resiliência, em um mundo tão cheio de distrações como este em que vivemos.

IMPORTANTE: ESCOLHA AQUILO QUE TAMBÉM O DESAFIE, EM QUE TENHA QUE APRENDER NOVAS COMPETÊNCIAS OU HABILIDADES. PROMETO QUE, MAIS ADIANTE, ESSE MEU PEDIDO FARÁ MAIS SENTIDO.

Por ora, quero compartilhar um argumento que você talvez não saiba: os ganhadores do Prêmio Nobel não demonstram somente proficiência em ciência, mas também em artes.[152] Sabe o que isso significa?

Está provado que a chance de um cientista com um hobby artístico levar o prêmio em relação a um colega é:

- Duas vezes maior se ele toca um instrumento musical;
- Sete vezes maior se ele desenha, esculpe, pinta ou se envolve em qualquer arte manual;
- Doze vezes maior se escreve ficção, contos, poesia, roteiros;
- Vinte e duas vezes maior se atua, dança e ou pratica mágica.

O escritor e professor da Wharton School Adam Grant explica que a curiosidade, ou a abertura para novidades ou para a diversidade, é o principal traço de personalidade dessas pessoas. "Em todo o mundo, dos Estados Unidos ao Japão, do Brasil à Noruega, as pessoas de cabeça mais aberta sentem arrepios e tremores estéticos ao apreciar uma obra de arte ou ouvir uma bela composição", explica Grant em *Originais*, livro no qual recordou que o próprio Charles Darwin, o pai da teoria da evolução, dizia sentir um frio na espinha ao ouvir música. E Grant reforça:

> "Um estudo abrangente com milhares de americanos mostrou resultados semelhantes para empreendedores e inventores. Pessoas que abriram negócios de sucesso e tiveram patentes postas em produção apresentavam maior probabilidade do que seus pares de ter hobbies que envolvessem desenho, pintura, arquitetura, escultura e literatura.[153]"

Se você assistiu a *O código Bill Gates*,[154] documentário da Netflix, sabe que isso é verdade. O fundador da Microsoft é um leitor voraz. E esse não é somente um hábito diário. No documentário, ele revela que, uma vez por ano, costuma se isolar da família para intensificar a leitura e refletir sobre tudo o que lê e aprende com os mais variados temas e gêneros.

E então, topa o desafio?

CAPÍTULO 3

TENSÃO CRIATIVA: COMPLACÊNCIA NUNCA MAIS!

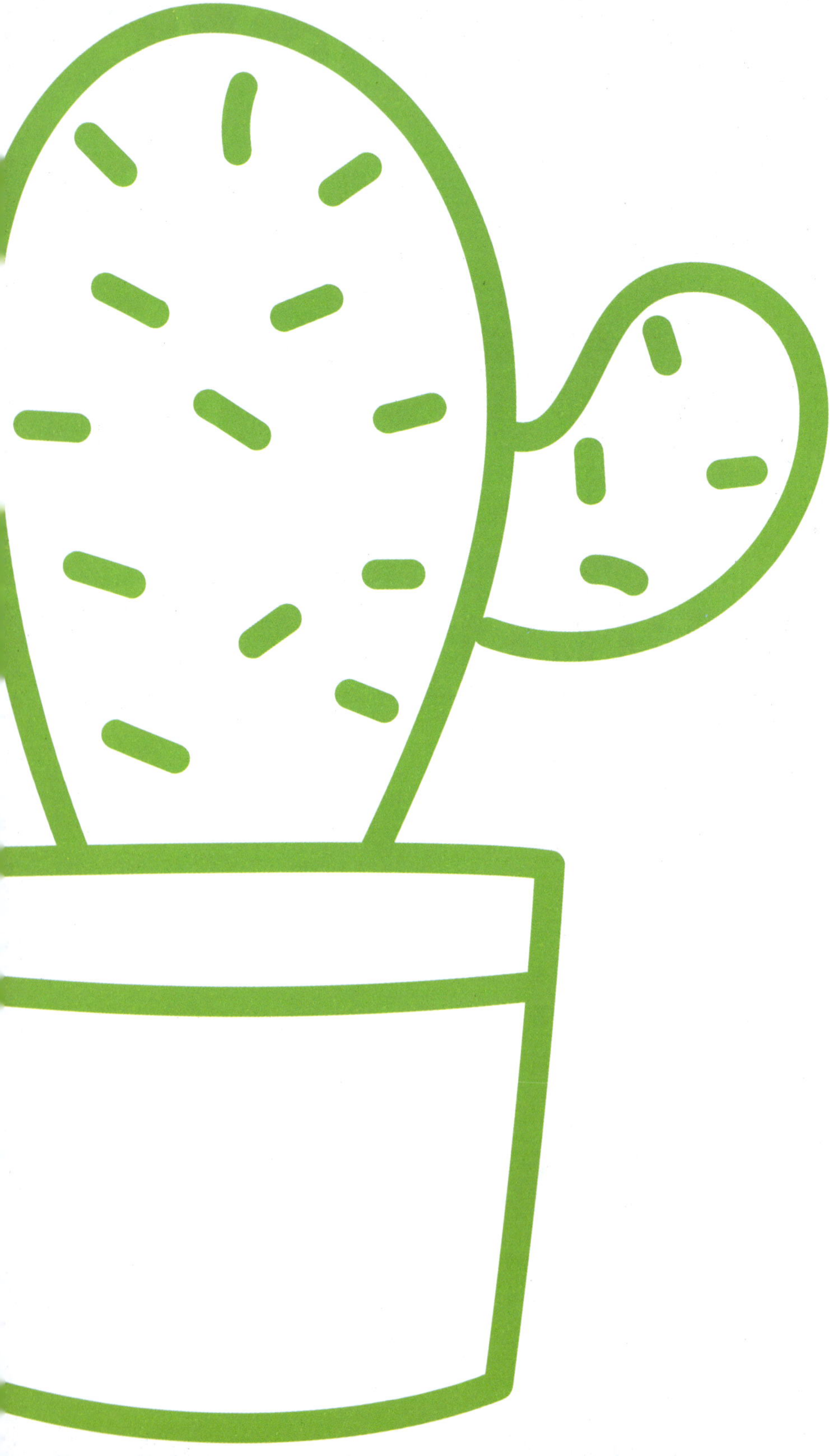

TENSÃO CRIATIVA: COMPLACÊNCIA NUNCA MAIS!

Camaçari, Bahia, dezembro de 2017. A sala, ocupada por centenas de pessoas, boa parte líderes de uma multinacional, fica subitamente escura. Apreensão. O que será que vai acontecer?

De repente, o silêncio incômodo é quebrado pela explosão de uma bateria. O coração subitamente acelera, sincronizando-se às batidas da música. Refletores de luz branca, forte e intensa entram em cena, aumentando o suspense. Apagam e acendem. Apagam e acendem. Para lá e para cá, para cá e para lá. Tudo acontece em sintonia com a música. O coração salta para a boca.

Um homem alto, vestindo uma calça militar, coturno e uma camiseta preta que não esconde os músculos dos braços e do abdômen, atravessa sorrateiramente a sala. Já não dá mais para escutar a música. O público reage à presença daquela sombra com gritos que encobrem os versos do vocalista e concorrem, de igual para igual, com o som da bateria.

O homem se posiciona no centro da sala, bem à vista de todos. Agora ele pode ser visto. Um novo recorde de decibéis é estabelecido no *Guinness Book*. Quem é esse homem?

Não, não sou eu, Lucas, chamado para ocupar o mesmo lugar que ele, dentro de duas horas. Esse homem também não é uma celebridade, mas as pessoas reagem à sua presença como tal. Muitas nunca o viram de perto, mas vibram pelo que ele representa.

Ele, um tanto taciturno, parece alheio a isso tudo. Permanece com a postura ereta, com os punhos cerrados, a mandíbula travada. Parece estar se divertindo com a situação, mas é impossível saber ao certo. Não sorri. Enquanto isso, parece rastrear com o olhar cada canto da sala. Não perde nada: registra a fisionomia dos presentes; marca pontos de fuga; quem sabe, alvos a serem atingidos. Está pronto para a guerra, pronto para botar pressão. É isso que ele veio fazer ali.

Paulo Storani[49] não é o Capitão Nascimento, mas ali, naquele lugar, ele encarna o herói nacional, com sangue nos olhos e faca nos dentes.

É caveira que fala?

O subcomandante do Bope tornou-se um dos palestrantes mais requisitados do país depois que *Tropa de Elite*, filme de José Padilha em que Storani atuou como consultor, estourar na bilheteria de Norte a Sul do Brasil. Com um currículo invejável, que inclui até um mestrado em antropologia social, Storani mostra desenvoltura no palco e tira proveito da cultura e da filosofia do Batalhão de Operações Especiais da Polícia Militar do Rio de Janeiro, ao qual serviu por quase duas décadas, para gerar reflexão e mudança de comportamento em executivos engravatados.

Storani eleva a energia do público, que nem pisca diante de suas histórias e instruções. Até o indivíduo mais procrastinador e indisciplinado da turma se torna um soldado comportado e obediente diante dele. Foco, disciplina, palavras de guerra, força, resultado. Missão dada é missão cumprida.

Camaçari, Bahia, dezembro de 2017. Sob a explosão de uma bateria, jogo de luzes e aplausos da plateia, Storani deixa o palco. Eu sou o próximo palestrante da convenção. O 02. Peço para sair?

É claro que eu soube desse *line-up* antes da convenção. Quando o cliente me contou, minha reação foi: "Nossa, que massa!". Por dentro, porém, eu só conseguia pensar em uma coisa.

E AGORA?

Não, eu não pedi para sair. Cada vez que me deparo com um desafio que tensiona meus músculos e ameaça comprimir meu cérebro, eu me lembro do Gato Félix. Enquanto a nova geração de crianças é influenciada por uma porca cor-de-rosa, a minha foi por um gato preto que não dizia uma palavra, mas era muito perspicaz.

O Gato Félix foi a primeira celebridade mundial, nascida há mais de cem anos, na era do cinema mudo, pelas mãos de um norte-americano de New Jersey chamado Otto Messmer.[50]

PEGA ESTA!

Pausa geek para resgatar um fato histórico. Mickey Mouse é fichinha perto do Gato Félix. O ratinho só existia na imaginação de Walt Disney quando a primeira imagem foi transmitida pela TV, direto dos estúdios da NBC. E era de quem? De quem? De quem?

Gato Félix, que também invadiu os filmes de Charles Chaplin e foi o primeiro cartoon exibido pelas ruas como balão gigante na parada de Thanksgiving de 1931 em Nova York. Além de desenho animado, o Gato Félix também podia ser encontrado em quadrinhos.[51] Hoje os direitos sobre o personagem pertencem à DreamWorks.[52]

**THANKSGIVING DE 1931
NOVA YORK**

Fonte: https://macysthanksgiving.fandom.com/wiki/The_Cat

Nunca me esqueci de um episódio em que o Gato Félix encontra um fio solto e, curioso, começa a puxar esse fio para ver de onde vem e onde vai dar. Puxa, puxa, puxa, e, quando a cena abre, descobrimos que o fio é o contorno de toda a sala onde o personagem está. Intrigado, ele continua a puxar… Puxa, puxa e puxa, mesmo vendo tudo se desfazer ao seu redor. Tenso, muito tenso.

Só que ele não desiste diante da adversidade e continua puxando o fio. E puxa, puxa, puxa, até que o fio chega ao seu pé. Mais tenso ainda. O que ele faz? Continua puxando e vê, depois do seu mundo, o seu próprio contorno sumir. Ele simplesmente se desfaz.

Eu sei, muito doido, mas meu ponto é que, diante um desafio, quando a tensão toma conta do ambiente e de mim, em vez de refugar, aprendi a puxar o fio, ainda que ele possa me desconstruir. Frente a uma adversidade, em vez de desistir, aprendi a revisitar minha essência, meu conhecimento e minha experiência, para hackear a realidade e criar a solução para meu problema. É por isso que esse é o primeiro pilar do **Playfulness**.

Senge, Rasmussen Piaget, Papert, Freire & Freire

Tudo começou a se conectar em Billund, durante a minha estadia na Lego House. A convivência com os professores e os outros facilitadores, tão estranhos e diferentes quanto eu, tão estranhos e diferentes de mim, me deu a chance, pela primeira vez, de me reconhecer, de me entender e de me encontrar.

A expressão de confiança de quem está por cima da carne seca dos Legos. #sexysemservulgar.
Foto: Arquivo pessoal

Em *A quinta disciplina*, Peter Senge, professor do Massachusetts Institute of Technology (MIT), discorre sobre como fragmentamos o mundo e perdemos a conexão do todo.[53] Fazemos isso em várias dimensões da vida. Dois exemplos bem claros são: no âmbito pessoal, nós, que louvamos a democracia, procuramos amigos que pensam de forma parecida com a nossa; e, no âmbito profissional, dividimos nossas empresas em áreas de acordo com expertises. Criamos, assim, vários núcleos, com as mesmas características, dentro de um mesmo sistema solar. Particularizamos tudo, compreendendo sistemas como máquinas e não como um organismo vivo, preenchido de organismos vivos.

O que acontece quando essa máquina encontra uma disfunção ou deixa de funcionar como deveria?

- Tensão
- Estresse
- Ações descoordenadas
- Caos
- Apocalipse

Qualquer semelhança com a realidade imposta pelo coronavírus não é mera coincidência.

Se você parar para pensar, começamos a criar núcleos "aparentemente" independentes já na escola. Dividimos as crianças por idade e impomos uma metodologia hierarquizada, de ordem e controle, que promove a repetição e valoriza quem tem boa memória.

Quer passar de ano? Decore, finja que aprende e pronto.

VOCÊ JÁ VIU?

O herói mais sombrio de todos os tempos é aquele que mais tem uma visão holística de todos os sistemas que interligam a humanidade. Direto da sua bat-caverna, com a ajuda de Alfred e de muita tecnologia, ele consegue salvar Gotham City ao conectar informações e pessoas completamente diferentes, seja para obter informações, seja para construir equipamentos bélicos ou uma base de aliados contra as ameaças do mal — do honesto Comissário Gordon à Liga da Justiça. Macacos me mordam, Batman!

Em Billund, tive a chance de conhecer um dos criadores do Lego® Serious Play®, e o que mais me seduziu nessa metodologia não foi o jogo em si, mas a dinâmica que cria tensão ao mesmo tempo que desbloqueia a criatividade para solucionar problemas complexos. Ela surgiu porque o neto do fundador notou que, embora vendessem criatividade e imaginação, esses dois componentes não eram o *core* da empresa e não direcionavam o desenho da estratégia. A ideia de desenvolver a metodologia consumiu quinze anos. A exportação para o mundo corporativo ocorreu, como contei no capítulo anterior, com a ajuda da IMD Business School. Robert Rasmussen, até então diretor de pesquisa e desenvolvimento da Lego Foundation, passou a fazer parte desse núcleo dois anos depois e decidiu conectar as duas pontas: o aprendizado das crianças com o dos adultos. O seu foco era entender como elas criam estratégias para superar desafios. Daí saiu uma primeira versão da metodologia, baseada no tripé pensamento, comunicação e resolução de problemas.

Faça uma pausa e reflita comigo: esse tripé faz parte hoje da realidade da sua empresa?

Note que a criança, diante de um desafio, que pode ser simplesmente um novo brinquedo, fixa sua atenção, antes de acessar o conhecimento que já tem sobre aquilo, a partir de experiências passadas, similares ou não. Ao contrário de muitos adultos, que já saem aplicando as técnicas ou soluções que conhece e se frustra ou desiste diante de negativas, ela se abre para novos conhecimentos, para novas perspectivas e novos recortes sobre aquilo que está vivendo.

É nesse momento que as crianças fazem o que, para os adultos, é muito difícil: romper com as convenções — não só de pensamento. É nesse terreno que o construtivismo e o construcionismo, base do Lego® Serious Play®, agem, e isso nada mais é do que criar "conhecimento construindo coisas".

PEGA ESTA!

A língua é realmente viva. Novas palavras são adicionadas ao vocabulário das pessoas sem que necessariamente os especialistas consigam identificar suas origens. Sabe-se que a literatura é uma grande fonte — enquanto Rui Barbosa teria cravado, pela primeira vez, a palavra egolatria, o culto a si mesmo, João Guimarães Rosa é o pai de várias palavras, de nonada,[54] algo sem importância, a suspirâncias,[55] que remete a suspiros em série.

Especialistas estimam que a língua portuguesa tenha quase 500 mil vocábulos,[56] o que representaria metade da quantidade de vocábulos do idioma inglês. Ainda assim, pode ser considerada uma das línguas mais abundantes.[57]

O construtivismo é uma teoria criada por um biólogo suíço chamado Jean Piaget, que rechaçou o modelo de transformar a criança em um miniadulto, dando a ela a liberdade de explorar, sentir, mexer e criar para dominar um determinado conhecimento. Entendia ele que este era o papel da educação: oferecer ferramentas para que as pessoas pudessem sempre se superar e construir o novo a partir da sua inteligência e imaginação. Rasmussen explica, em *Construindo um negócio melhor com a utilização do método Lego® Serious Play®*, livro que escreveu com Per Kristiansen,[58] que as crianças passaram, então, a ser vistas como "construtores ativos de teorias", rearranjando o "conhecimento baseado no que elas já sabem e experimentaram".

O triângulo de Kanizsa é uma boa forma de visualizar a teoria de Piaget, segundo a qual o ser humano precisa aprender por fases e etapas, a partir do seu desenvolvimento cognitivo. Na figura, todos nós vemos triângulos, mesmo não existindo nenhum. Moldamos o mundo de acordo com o conhecimento que temos e o remodelamos a partir da construção de novas camadas de aprendizado.

Foi exatamente isso que o matemático Seymour Papert fez. Contemporâneo de Piaget, ele trabalhou em cima da teoria do colega para desenvolver o seu "construcionismo", mais concreto, ao dizer que pessoas engajadas são capazes de pôr a mão na massa para construir novos mundos, gerando um ciclo virtuoso.

Veja que loucura: lá na década de 1970, ele construiu, junto com a sua equipe no MIT, uma linguagem de programação de computadores considerando essas premissas. O cara não se conformava com a forma como a matemática era ensinada nas escolas — enfadonha, passiva, zzzzz… Ele queria e sabia que essa ciência podia ser empolgante para crianças da mesma forma que era para ele. Por isso, desenvolveu um método no qual ilustrações, música, jogos e simulações ajudavam na aprendizagem.

Faça mais uma pausa e resgate na memória: foi assim que você aprendeu matemática?

Infelizmente, não foi o meu caso. Da tabuada à fórmula de circunferência, tudo foi exposto na lousa e repetido à exaustão. Não é à toa a minha falta de afinidade com números. Embora adore lógica e histórias de matemáticos, como *O homem que calculava*, de Malba Tahan (pseudônimo de Júlio César de Mello e Souza), um dos meus livros favoritos, ainda não descobri para que diabos serve a fórmula de Báskara. Alguém?

O pulo do gato de Papert foi justamente tornar o aprendizado e, consequentemente, a construção de novos mundos palpáveis. Ele rompeu com a aprendizagem escalonada de Piaget e propôs uma aprendizagem focada na resolução de problemas, que hoje é a base não só do Lego® Serious Play®, mas também de metodologias inovadoras, como o design thinking, que atacam a dificuldade em prosperar em um mundo hipermoderno.

Se você já participou de um treinamento do tipo, sabe do que estou falando. Essas metodologias todas pressupõem ação, isto é, nada de ficar sentado na cadeira, assistindo a palestras e elucubrando solitariamente como salvar o mundo ou a sua empresa da ruína. Tirar soluções pré-fabricadas da gaveta é terminantemente proibido. Nada de apostar no antigo, em promessas, em velhos resultados para novas questões. É preciso suar o corpo, incendiar os neurônios, para chegar a respostas diferentes, capazes de atender aos novos desafios.

No design thinking, por exemplo, abre-se mão de tudo que é certo e óbvio. Ao estabelecer o ser humano no centro da questão, entende-se que é preciso investigar novamente a origem do problema, quem está envolvido nele, por que faz o que faz, qual é a motivação por trás e qual seria, enfim, a solução ideal para o usuário, não para a organização.

Seguindo esse modelo, não importa se você já tem as perguntas — jogue tudo no lixo e comece do zero. Não importa se você já conhece o seu público-alvo — volte a campo, entreviste, escute e desconfie de suas certezas. Não importa se você já tem uma solução ou produto para responder a uma demanda — construa algo novo, entregue-o na mão do usuário, teste-o e esteja pronto para começar do zero.

A tese de Seymour Papert tem tudo a ver com a teoria educacional de um brasileiro respeitado mundialmente e que já mencionei nesta obra. Sim, estou falando de Paulo Freire. Por caminhos diferentes, ambos chegaram a uma conclusão parecida: a educação é a estrada para o desenvolvimento da autonomia, que leva, enfim, a um sentido de realização individual e coletivo.

É isso que propõe também o Lego® Serious Play®, que promove primeiro um desbloqueio de conhecimento do indivíduo, que deve refletir sobre uma questão e construir algo com as próprias mãos. Pode ser um bonequinho, pode ser uma história. É o momento em que a pessoa começa a se engajar com o problema que tem à frente, a se relacionar com o que ela sabe, com o que ela já viveu, com o desafio à sua frente. Rasmussen sempre diz que, muitas vezes, nós não sabemos que sabemos.

O próximo passo é ativar a colaboração, ao promover a conexão com os outros integrantes do grupo ou do sistema. Colaboração não é algo fácil — pressupõe empatia, escuta ativa, flexibilidade, resiliência, mais engajamento, mais ação. Explicam Rasmussen e Kristiansen:

> "Não é simplesmente uma ferramenta de visualização; é um modo de pensar com os objetos e através de suas mãos, para liberar energias criativas, modelos de reflexão e modelos de enxergar que a maioria dos adultos esqueceu que possuía. O método aposta sua reputação na crença de que os adultos podem tirar a poeira desses modos concretos de se pensar e pô-los em uso novamente — e quando eles conseguem, grandes benefícios estão guardados."[59]

Na volta de Billund, todas essas conexões, entremeadas à minha própria experiência —inclusive no uso de jogos para educação corporativa — provocaram em mim um curto-circuito. Daí nasceu um dos principais fundamentos do **Playfulness: a tensão criativa.**

PEGA ESTA!

A teoria do cérebro triuno, de Paul McLean, já foi muito questionada sobre o ponto de vista evolucionista. É fato, porém, que muitas empresas e profissionais parecem utilizar o cérebro reptiliano, o instintivo, na hora de tomar decisões. "Medo, atenção, territorialidade e sexualidade. Esse é o lema do sistema reptiliano até hoje. Sobreviver e fazer a espécie resistir, avançando na evolução. Essa é a sua tarefa", explica Robson Gonçalves, coordenador do curso de neurobusiness da Fundação Getulio Vargas, em livro escrito com Andréa de Paiva.[60]

A dupla reforça que o reptiliano e o límbico, aquele que armazena memórias profundas ligadas a emoções, são best friends e adoram conduzir as ações e as reações no convívio social —— incluindo o ambiente corporativo. "Nosso reptiliano, utilizando os padrões gravados no límbico, tira suas próprias conclusões antes mesmo de termos consciência do que está acontecendo. E, muitas vezes, ele percebe as coisas de uma forma diferente do que o nosso córtex perceberia", explicam.

Este último, como você já deve imaginar, é o cérebro ligado à nossa capacidade cognitiva, isto é, à razão.

TENSÃO CRIATIVA • 77

> Quer uma experiência recente para deixar clara a diferença entre usar um ou outro na hora de tomar decisão?
>
> Então pense na corrida ao supermercado para estocar papel higiênico no início da pandemia do coronavírus. Para uns, era questão de sobrevivência; para outros, não fazia sentido algum provocar um desabastecimento sem necessidade aparente. *Capice?*

Camaçari, Bahia, dezembro de 2017. A sala, ocupada por centenas de pessoas, boa parte líderes de uma multinacional, fica subitamente escura. Apreensão. O que será que vai acontecer?

De repente, o silêncio incômodo é quebrado pela explosão de uma bateria. O coração subitamente acelera, sincronizando-se às batidas da música. Refletores de luz branca, forte e intensa entram em cena, aumentando o suspense. Apagam e acendem. Apagam e acendem. Para lá e para cá, para cá e para lá. Tudo acontece em sintonia com a música. O coração salta para a boca.

Um homem alto, vestindo uma calça militar, coturno e uma camiseta preta que não esconde os músculos dos braços e do abdômen, atravessa sorrateiramente a sala. Já não dá mais para escutar a música. O público reage à presença daquela sombra, com gritos que encobrem os versos do vocalista e concorrem, de igual para igual, com o som da bateria.

O homem se posiciona no centro da sala, bem à vista de todos. Agora ele pode ser visto. Um novo recorde de decibéis é estabelecido no *Guinness Book*.

Quem é esse homem?

CAPITAÇÃO NASCIMENTO COM O CAPITÃO RENASCIMENTO

CAPITÃO RENASCIMENTO EM AÇÃO!

Sim, sou eu, Lucas Franco Freire — ou, diante daquela plateia, o Capitão Renascimento.

Note: eu poderia muito bem ter me contentado com o papel de 02. Em aparecer lá e entregar um produto de prateleira, sem me preocupar com as condições de temperatura e pressão. Poderia ter me contentado em ter diante de mim, provavelmente, um grupo cheio de adrenalina e sem uma reflexão mais profunda sobre os impactos dessas posturas. Poderia. Quem nunca?

Fato é que não precisamos de uma epidemia sem precedentes, como a do coronavírus, para nos sentir desafiados. Todos os dias, deparamo-nos com barreiras frente aos nossos desejos ou metas.

Quem nunca sonhou com férias em um resort na Polinésia, mas se contentou com o hotel-fazenda a duas horas de carro, para não ter que enfrentar o medo de avião? Quem nunca deixou passar uma oportunidade de venda porque o pedido do cliente fugia às especificações estabelecidas pela empresa? Quem nunca deixou uma promoção escapar por achar que estava muito além da sua capacidade? Quem nunca viu um negócio implodir e arrastar consigo os sonhos do fundador e milhares de empregos?

Comece a contar comigo: Kodak, Blockbuster, Yahoo!, Blackberry... Quanto tempo ainda resta, produção?

Quem melhor definiu o termo "tensão criativa" foi Peter Senge, para quem sempre existirá um *gap* entre a realidade e a visão, isto é, entre onde estamos e aonde queremos chegar. A forma como você conduz essa jornada pode gerar dor ou prazer, pode levá-lo a uma tensão emocional ou a uma tensão criativa. Ansiedade, tristeza, desmotivação e burnout são efeitos colaterais de uma tensão emocional, provocada pela passividade diante de uma adversidade, enquanto a tensão criativa é uma motivação extrínseca para nos levar a um novo patamar. Ela é um convite que pode exigir uma flexibilidade para chegar ao sonho, à meta. Quando entendida dessa forma, ela dá o impulso e/ou a energia para chegar lá.

CRENÇA EM IMPOTÊNCIA OU INDIGNIDADE — SUA ATUAL REALIDADE — SUA VISÃO

Fonte: *A quinta disciplina*[61]

A tensão emocional é uma energia negativa que traciona os nossos planos e sonhos. Já a tensão criativa transmuta a toxicidade em ação. Como? Ora, botando a mão na massa e transformando a nossa realidade, como bem ensinam as escolas construtivista e construcionista.

VOCÊ JÁ VIU?

O Menino que Descobriu o Vento é uma produção original da Netflix e um exemplo claro de como a tensão criativa leva a humanidade à evolução.

Um adolescente africano sabia o que a sua comunidade, diante da seca e da fome extremas, precisava e construiu, com as ferramentas que tinha, suando sobre os poucos livros de que dispunha, um moinho de vento rudimentar, capaz de sugar a água do poço para irrigar a colheita. Atenção: essa história é real.

Acontece que, para dar um salto, a humanidade precisa limar um comportamento que apequena os sonhos. John P. Kotter, professor de liderança de Harvard e uma das maiores autoridades na área, classifica esse comportamento de complacente.

Se for procurar essa palavrinha no ~~Aurélio~~ Houaiss para ver em que time você joga, ele lhe dirá que:

complacente
adjetivo de dois gêneros
 1 desejoso de agradar, de demonstrar cortesia, de servir <*um amigo c.*>
 2 que demonstra gentileza, amabilidade ou benevolência <*um sorriso c.*>
 3 que denota uma autossatisfação ou um deleite a que o próprio se abandona <*um c. abandono a si mesmo no mormaço da tarde*>
 4 *pej.* Que denuncia demasiada condescendência, indulgência ou deferência para com algo ou alguém <*um governo c. com os corruptos*>
 5 *fig.* brando, benigno <*tempo c.*>

Kotter esmiúça essa definição e derruba vários mitos ao revelar que complacentes são aqueles com boa autoestima e seguros de si. Geralmente, vistos pelos outros como seres racionais, ponderados e prudentes. "Às vezes, podem ser incrivelmente criativos na justificativa do seu ponto de vista. Você oferece 'os fatos' sobre uma ameaça ou oportunidade. Eles surgem com dados altamente seletivos e pensam que você se preocupa demais", explica o professor de Harvard, autor do livro *Sentido de urgência*,[62] bem antes de a pandemia parar o mundo. Para ele, "a complacência, quase sempre, é produto do sucesso ou do sucesso percebido".

Ela é praticamente uma resposta imunológica à mudança. Diante dos desafios, os complacentes dizem:
- Não é assim que as coisas são feitas aqui;
- Estou fazendo o que é certo;
- Estou seguindo o plano;
- Essa não é a estratégia da empresa;
- Não há nada que possa fazer;
- Esse problema não é meu, estou fazendo a minha parte;
- As coisas vão voltar ao normal.

De acordo com Kotter, pessoas resistentes a mudanças estão por toda parte — pode ser você, o colega da baia ao lado, o seu chefe ou o presidente da empresa. Elas estão dispostas a manter, com sangue, suor e lágrimas, o *status quo*. Ficam confinadas em planos, agendas e certezas, como se ainda vivêssemos no século XIX ou XX; como se a tecnologia não estivesse alterando o ritmo do mundo, a cada minuto; como se o coronavírus não tivesse rompido paradigmas bem diante do nosso nariz.

Em *Liderando mudanças*,[63] Kotter aponta que as principais fontes de complacência nas organizações são:
- Miopia otimista da direção;
- Excesso de recursos aparentes;
- Sistemas de avaliação internos disfuncionais;
- Cultura organizacional *top-down*;
- Estruturas organizacionais também disfuncionais;
- Baixa inteligência emocional da liderança e dos funcionários.

ACENDEU UMA LUZ AMARELA AÍ? DISPAROU O ALARME DE INCÊNDIO?

O sentido de urgência defendido pelo professor de Harvard é muito parecido com a teoria de Senge ao sugerir que, diante de adversidades ou para vencer a complacência, é preciso não só uma visão sistêmica e estratégica, mas um espírito combativo para agir compulsivamente e promover as mudanças necessárias para atingir o objetivo.

A tensão criativa que defendo no **Playfulness** também traz elementos de outro pensador, o dinamarquês Hans Henrik Knoop, autor do livro *Play, learning and creativity*,[64] que importei de um sebo europeu. Assim como ele, entendo que valores e criatividade são os dois lados de uma mesma moeda para a sociedade. Enquanto os valores formam a essência e dão o tom do que deve ser prioridade dentro de um círculo ou sistema, a criatividade é resultado concreto da realização desses valores.

Muitos autores falam sobre dois tipos de criatividade, mas ambos estão conectados à nossa habilidade de viver de acordo com os nossos valores. A tensão criativa, esse desequilíbrio entre onde estamos e aonde queremos chegar, é essencial para quebrar o marasmo e a inércia, além de ser o estopim para uma habilidade cada vez mais valorizada nesta IV Revolução Industrial. Estou falando da capacidade de resolver problemas complexos, que só é alcançada por meio de uma mentalidade de desenvolvimento contínuo, também conhecida como *lifelong learning*, isto é, aprendizado para a vida toda.

Esqueça aquela ideia de que o canudo na sua mão é um passaporte para a vida. Hoje, e cada vez mais, só sobrevive no mercado de trabalho quem está disposto a se manter em movimento — aprendendo, reaprendendo, construindo, reconstruindo, em um ciclo permanente — ou, pelo menos, até bater lá nas portas do céu.

Quando me vesti de Capitão Renascimento, quis justamente provocar reflexão ao contrapor a visão vendida no filme estrelado por Wagner Moura. Deixando o romance de lado, a história é a de um líder desconectado do seu ser, da sua família, por um trabalho violento e agressivo de que não gosta. É o retrato de uma liderança tóxica, que adoece a si mesmo e a quem está ao seu redor. Veja: não estou dizendo que a disciplina não é importante, mas o *play* não pode ser descartado da vida. Caso contrário, quando você chegar ao topo, se chegar, não terá forças para comemorar a realização ou desfrutar do seu sabor. Essa ainda não é uma narrativa corriqueira nos corredores das organizações, mas eu me dei o desafio de soltar os fios por onde passo e de começar a plantar sementes, ainda que tenha que pagar alguns micos para isso.

Apostar na tensão criativa é um desafio duplo. É saber que "o sistema é foda, parceiro" e, mesmo assim, escolher fazer diferente. É não fechar o punho, nem se intimidar diante de toda volatilidade, incerteza, complexidade e ambiguidade do mundo. É entender que a adversidade é a mãe da criatividade. É sambar na cara da sociedade — não por prepotência, mas porque é preciso e é possível fazer de outra forma, fazer diferente e fazer a diferença. É abrir as portas do aprendizado e deixar a mágica acontecer.

PEGA ESTA!

Biologicamente, nosso corpo nos oferece um feedback natural ao aprendizado. Somos invadidos por ondas de prazer e realização ao aprender, gerando uma motivação intrínseca. É um ciclo natural e virtuoso da própria vida! Ou seja, chega de complacência. Nós, seres humanos, somos movidos a aprender.

REFORÇO: ESSA TEORIA TODA PODE PARECER MUITO ESTRANHA, PORQUE NÃO É O QUE SE VENDE. ACABAMOS COMPRANDO O AMERICAN DREAM, COM TODA SUA LUZ E SOMBRA. NÃO SOUBEMOS VALORIZAR ALGO QUE É NOSSO, POIS ACREDITO QUE O BRASILEIRO TEM O PLAYFULNESS NO SEU DNA.

O jeitinho brasileiro também tem seu lado sombra e seu lado luz — e este último é a tensão criativa elevada ao grau máximo. A desigualdade social e econômica do nosso país talhou a personalidade do nosso povo, capaz de produzir as soluções mais criativas, invejadas, inclusive, por outros povos. Prova disso é a farofa de içá, uma iguaria criada pelos índios a partir da barriga da tanajura, hoje reproduzida em restaurantes exóticos e caríssimos. Quer outro exemplo? O vendedor de torresmo que aproveitou a live do governador do Ceará sobre coronavírus para vender seus produtos.⁶⁵ O estoque dele acabou!

Várias iniciativas apostam na tensão criativa — e não só na parte de treinamento. A Ambev, por exemplo, foi uma das principais difusoras do Orçamento Base Zero. Na virada do ano, nada de usar a planilha do ano anterior para projetar o futuro. Isso é complacência! O que aconteceu em um ano não serve como base para o ano seguinte, e o orçamento precisa começar do zero. Na cervejaria, todo ano é um novo ano. Logo, começa-se do zero e usa-se a criatividade para definir prioridades, desenhar metas estratégicas e cortar excessos. Assim, mobilizam-se recursos para a solução dos problemas, não com base no passado, mas diante do presente e de olho no futuro, além de se estimular a autonomia.

PEGA ESTA!

Na Lego House, em Billund, é possível admirar de perto a "árvore da criatividade", de 15 metros de altura, um projeto propositalmente não finalizado. É a metáfora perfeita de uma habilidade humana, capaz de sustentar o ser humano e mantê-lo em constante evolução. Representa uma jornada sem fim e cheia de desafios, de detalhes, de mistérios, idêntica ao nosso cérebro. É um afrodisíaco para a vida. É claro que eu trouxe para casa uma réplica dessa árvore — menor, obviamente, ou rolava um divórcio na hora.

QUER VER ESSA CENA? ESCANEIE O *QR CODE*!

Senge acredita que os momentos em que a escassez se torna tão pungente, atiçando nosso instinto de sobrevivência, são os mais ricos em termos de geração de soluções para problemas complexos. Nessas horas, a história diz, damos saltos. Recorda Senge em *A quinta disciplina*:

"Não inventamos o princípio da tensão criativa através do trabalho de aprendizagem organizacional; de fato, muitos outros o descreveram no passado. Aprisionado na prisão de Birmingham, Alabama, depois de uma marcha histórica de protesto contra a segregação, Martin Luther King Jr. escreveu: "Assim como Sócrates achou que era necessário criar uma tensão na mente, para que os indivíduos se afastassem da escravidão dos mitos e das meias-verdades [...], então nós devemos [...] criar o tipo de tensão na sociedade que ajudará os homens a se elevarem das profundezas sombrias do preconceito e do racismo". Embora o dr. King seja famoso por seu "sonho" de igualdade, sua liderança — assim como a de Gandhi antes dele — estava fundamentada em ajudar a ver a realidade presente "dramatizando a situação atual", de acordo com suas próprias palavras. Ele sabia que a justaposição dos dois, o sonho e a realidade presente, era a verdadeira força da mudança."[66]

A formiga, a cigarra e o passarinho

Podia ter sido épico: a fábula de La Fontaine no Teatro Castro Alves. Eu era um garotinho quando fui participar dessa encenação, que conta a história das formigas, honradas trabalhadoras deste planeta, que sentiam diariamente no seu exoesqueleto a tensão criativa para abastecer seus ninhos, diante da complacente cigarra, que não queria nada da vida. Ela minimizava qualquer crise iminente, só pensava em desfrutar do balanço das folhas. Debochava, sem pudor, das determinadas formiguinhas, dia após dia. Estava tão míope, tão embevecida com a sua vidinha que não viu o inverno chegar e quase morreu de fome e de frio.

E o passarinho? Bem, esse era o meu papel. Só que, de coadjuvante no espetáculo, passei a protagonista na escola, de onde já saía vestido com a fantasia para o teatro. Resultado: bullying!

Sem misericórdia alguma, comigo ou com a arte, a garotada passou a me chamar de... Pinto! Esse se tornou meu apelido na escola e poderia ter definido meu destino, se eu não tivesse decidido abraçar a adversidade e trocar a franja lisa para trás por uma arrepiada, assumindo-me como o honrado filho da galinha.

The zueira never ends...

HOJE, E CADA VEZ MAIS, SÓ **SOBREVIVE NO MERCADO** DE TRABALHO QUEM ESTÁ **DISPOSTO** A SE MANTER EM MOVIMENTO — **APRENDENDO, REAPRENDENDO, CONSTRUINDO, RECONSTRUINDO,** EM UM **CICLO PERMANENTE.**

@lucasfrancofreire

PLAYPRÓSITO

Quero que você resgate agora um mico histórico que pagou e mande essa história para LUCAS@PLAYFULNESS.COM.BR

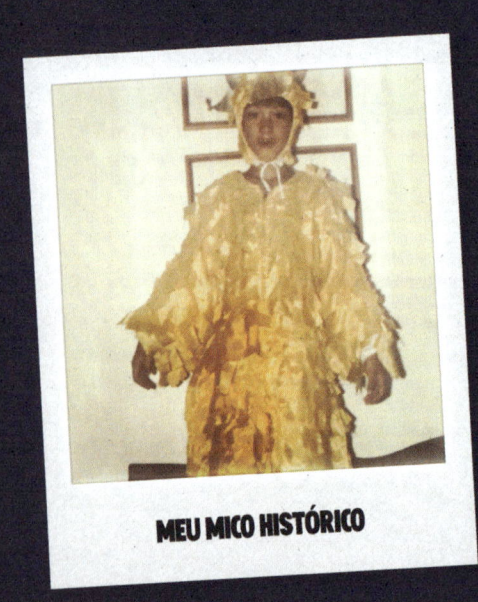

MEU MICO HISTÓRICO

Ok, ok. Falando sério: quero finalizar essa conversa sobre tensão criativa, tirando-o da sua zona de conforto. Como?

Importante: escolha aquilo que também o desafie, em que tenha que aprender novas competências ou habilidades. Prometo que, mais adiante, esse meu pedido fará mais sentido.

Com estes quatro passos:
- Defina aspirações de futuro: pode ser para o seu trabalho, para o seu negócio, para a sua vida pessoal. Não importa. Chega de complacência. Determine agora o que você quer para o futuro.

- Construa uma sólida visão de sua posição atual: a partir da sua visão de futuro, reconheça quem você é agora, quais os recursos de que já dispõe e o que precisa fazer para chegar lá.

- Trace objetivos que gerem desafios: estabeleça um passo a passo. Esses objetivos intermediários também funcionam como um alívio para o seu cérebro, que perceberá as pequenas evoluções da jornada como recompensa pelo seu esforço.

- Agradeça aos problemas: não surtei, não. Essa é a hora que você entende a adversidade como mola propulsora para desbloquear, mais do que a criatividade, a sua vida.

-

Precisa de uma *playlist* **para este momento?**

ENTÃO, ABRA O SEU SPOTIFY, ACESSE **PLAYFULNESS/TENSÃO CRIATIVA** OU ESCANEIE O *QR CODE* ABAIXO E APERTE O PLAY!

CAPÍTULO 4

RESILIÊNCIA ESTOICA

AGRADEÇA AOS ESTOICOS: RESILIÊNCIA E O PODER DO AGORA!

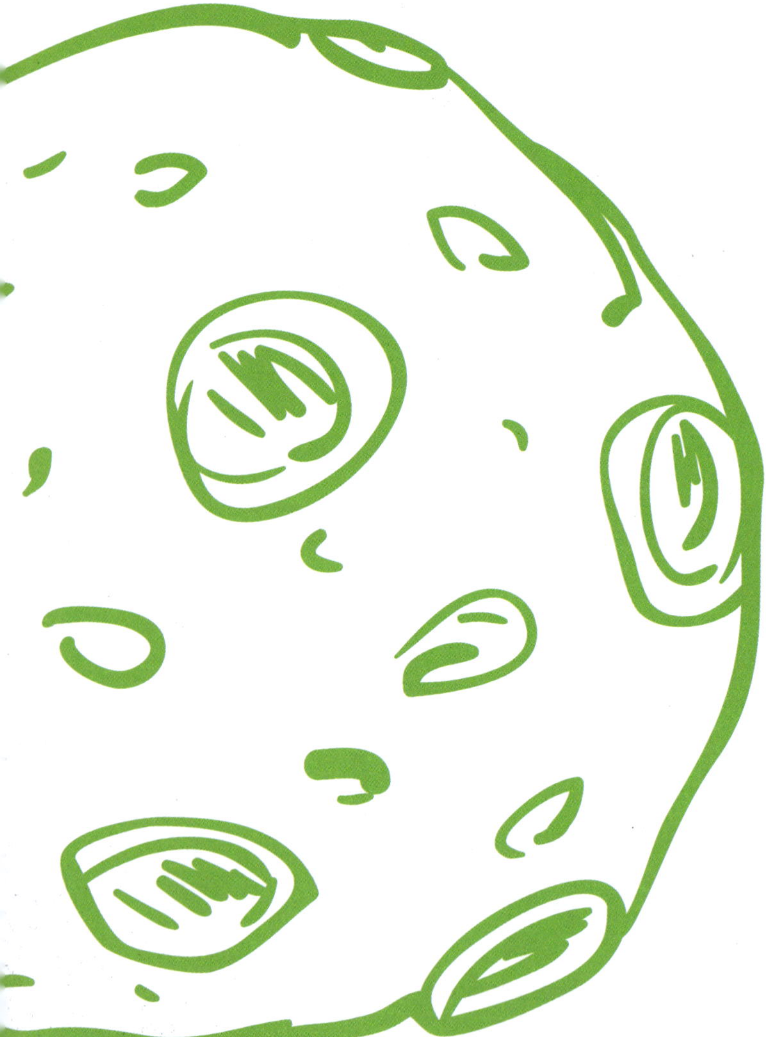

RESILIÊNCIA ESTOICA
AGRADEÇA AOS ESTOICOS:
RESILIÊNCIA E O PODER DO AGORA!

Em 2008, tive uma experiência no "limite da morte". Não "rodei, rodei, rodei, sem saber exatamente para onde estava indo", como aconteceu com a atriz Leila Lopes, em um relato que ficou famoso na internet. Nem tive tempo de dizer à passageira ao meu lado: "Segura, que nós vamos bater." Eu simplesmente apaguei. Não me lembro de detalhes: só sei que entrei direto em um poste, na rua da minha casa.

Pensando bem, eu já vivia, havia algum tempo, testando limites — o físico, o mental e o emocional. Como muitos brasileiros, eu me dividia entre dois empregos. Um deles ainda é, infelizmente, o retrato de muitas organizações. Quem assistiu a *Indústria Americana*, documentário vencedor do Oscar e recomendado no Capítulo 1 deste livro, consegue imaginar o que vivi.

Naquela época, eu era o coordenador de RH de uma fábrica chinesa de celulose. Acordava às 5 horas da manhã para pegar o ônibus e cruzar a cidade até a zona industrial. A cultura vigente naquela planta, a única da empresa fora da Ásia, era extremamente tóxica. A fábrica inteira, independentemente do departamento, era uma máquina, com movimentos padronizados e controlados para alavancar a produtividade. Em nome da eficiência, cada passo era medido para evitar desvios e, principalmente, desperdícios.

A pressão era tanta que, certa vez, recebi um especialista que passou o dia no meu cangote, anotando cada movimento meu. Cronometrou quanto tempo eu demorava em cada tarefa, esmiuçou meu orçamento, fez o registro de quantas pausas eu fazia, quis saber por que um atendimento a um funcionário tomava mais tempo que outro e avaliou cada ação que executei ao longo daquele dia. Aguentar o sol da Bahia, em pleno verão, ao meio-dia, era fichinha perto da pressão a que era submetido. A mensagem a todo e qualquer funcionário era clara: você é uma engrenagem que não pode parar sob nenhuma hipótese.

O meu segundo emprego começava no fim do dia, como professor de universidade. Ali, por mais que existissem regras, o homem de lata voltava a ter coração, voltava a ser humano. Tinha liberdade para me expressar, para trocar, para rir, para criar. Eu não estava mais no Kansas, mas em um ambiente quase encantado, que me reabastecia com o melhor combustível que há: a troca de conhecimento.

As aulas se estendiam até às 22 horas. Só então eu me dirigia para casa e iniciava mais uma batalha: a de desacelerar. O cansaço nem sempre ajuda a dormir. Deitar a cabeça no travesseiro, às vezes, pode ser um convite para rever atitudes, resgatar diálogos e criar lista de tarefas para o dia seguinte. Até hoje eu luto para controlar o tsunami de pensamentos e emoções.

Para um notívago, o desafio é maior ainda. Eu tinha poucas horas para resolver pendências da universidade e da empresa, além de organizar as demandas pessoais e ter uma vida social. Nem vou mencionar as reuniões com a matriz, em plena madrugada. Enquanto os chineses disparavam ordens a mil por hora, eu ingeria litros de café para acompanhar o ritmo.

O resultado você já pode imaginar: eu me sentia como o personagem de um *cartoon*, em uma luta inglória para manter os olhos abertos e o cérebro em funcionamento. Era um executivo-zumbi: os objetivos corporativos estavam acima de tudo, até da própria natureza. Não existia equilíbrio entre vida pessoal e profissional. Eu vivia em uma maratona, sem ter preparo físico, mental e emocional para isso. Não dava a mim, nem a meu corpo, chance de descanso. Dormia muito pouco. Perdi a conta de quantas vezes saí correndo atrás do ônibus, pois sempre estava atrasado. O relógio era o meu principal inimigo. Tentava economizar tempo e fazer sempre mais, só que tudo que conseguia era viver em um eterno conflito comigo e com o universo do qual fazia parte.

Naquela noite fatídica, eu também tinha despertado às 5 horas da manhã e cumprido meu papel como máquina e professor. Em vez de ir para casa, fui com a minha esposa, Talita, então minha namorada, a um casamento. Foi uma noite deliciosa, a saideira perfeita para mais uma semana puxada. Àquela altura, o cansaço já tinha virado um grande companheiro. Estava sempre presente, já nem me incomodava tanto. Era parte do jogo. Não é isso que dizemos sempre?

Como psicólogo, é claro que eu sabia que isso "não era normal." Não era esse o futuro que almejava para mim. Mudanças eram necessárias, mas, sabe como é, quem nunca protelou grandes decisões? Eu empurrava isso com a barriga havia um tempo. Vivia em uma zona de conforto nada confortável, sob intensa pressão, próximo ao burnout, reproduzindo clichês, como "é assim mesmo", "ainda dá para aguentar", "empresa é tudo igual".

Naquela sexta-feira, ao voltar para casa, um trajeto que eu conhecia muito bem, literalmente fechei os olhos. Dormi ao volante. Não posso nem narrar a cena, porque apaguei completamente. Não me lembro de detalhes, nem de ter sentido o impacto. Sei que o SAMU foi chamado, sei que a Talita bateu a cabeça no vidro, sei que meu carro foi saqueado. Mesmo com o vidro estilhaçado, a lataria arregaçada e poças de sangue aqui e ali, os ladrões fizeram a festa. Nem meu celular, meu primeiro iPhone, foi poupado. Mundo cão na veia.

Quando despertei para a realidade, a bile subiu à garganta. Tive que me deparar com a grande questão: qual é a minha responsabilidade nesta bagunça?

PEGA ESTA!

Não é mimimi, não. A privação de sono causa sérios danos à saúde. A fadiga e a falta de concentração são alguns dos sintomas mais conhecidos. A sensação de estar bêbado de sono não é só uma impressão. De acordo com estudo publicado na revista *Nature*, os efeitos cerebrais da privação de sono podem ser similares aos da embriaguez, distorcendo a visão e causando lapsos de memória.[67] A conta a ser paga é maior ainda com o tempo: corre-se sério risco de desenvolver doenças cardiovasculares e ter um AVC, além de depressão, transtornos de ansiedade e burnout.[68] Fique ligado!

Dizemos querer sombra e água fresca, além de "uma rede preguiçosa para deitar", mas isso é só sonho — ou melhor, ilusão. Nós nos esquecemos de que eles, os problemas ou as adversidades, são uma fonte poderosíssima de criação. É essa, afinal, a nossa origem. Em um dia qualquer, os espermatozoides saíram feito loucos, em grupo, rumo à trompa uterina. Muitos ficaram pelo caminho, outros foram dizimados pelos glóbulos brancos, vorazes defensores do sistema imunológico. Para que eu, você ou qualquer humano pudessem vir ao mundo, foi preciso que somente um, entre centenas de milhões desses guerreiros, sobrevivesse e fecundasse o óvulo. *This is Sparta!*

É por meio dos conflitos que nos desenvolvemos. Quantas cicatrizes, escoriações e ossos quebrados você guarda na lembrança ou carrega no corpo decorrentes de tombos, brigas e travessuras da infância? Na vida adulta, as provas das nossas lutas nem sempre são visíveis. Acumulamos traumas, crenças, insatisfações, insônias, ressentimentos, medos. Até sabemos da existência de muitos desses bloqueios, mas disfarçamos as evidências. Ao contrário do que diz a música, preferimos "viver fingindo" que está tudo bem. Um desafio

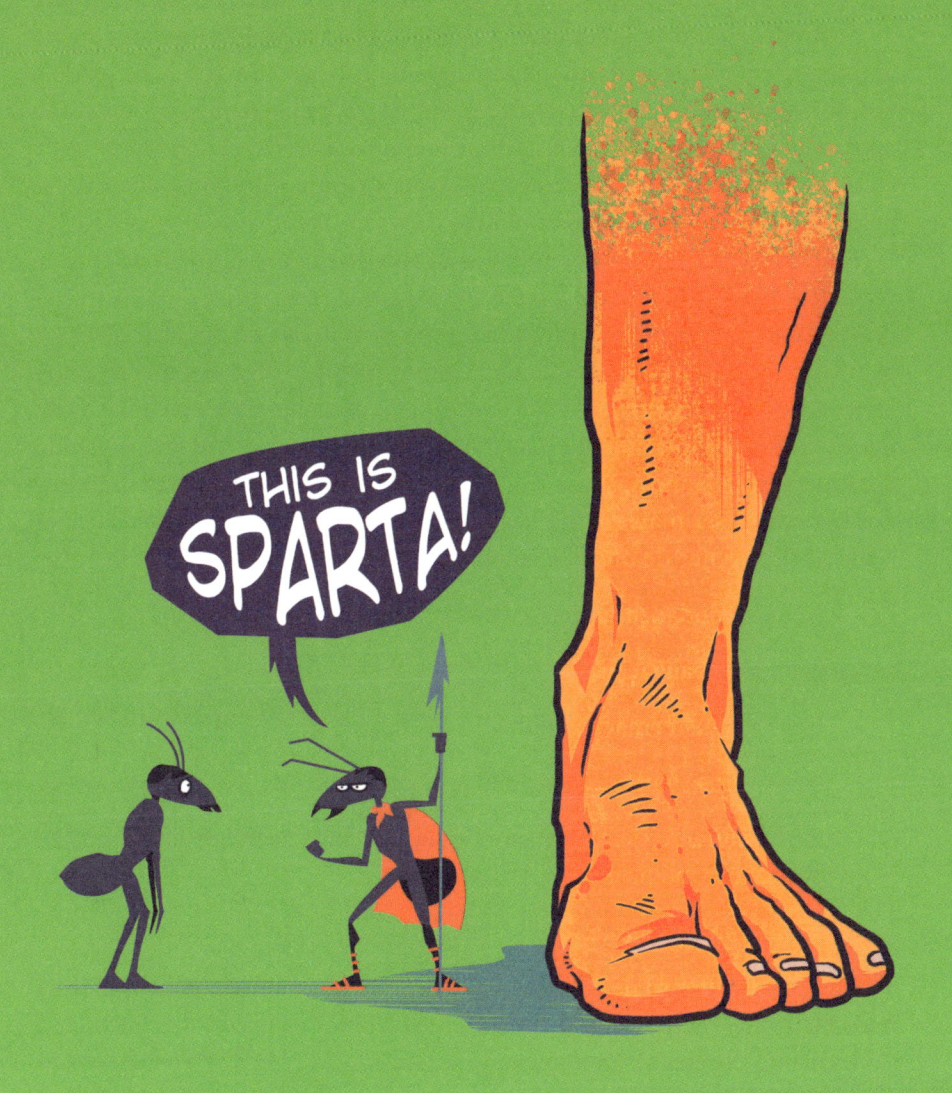

THIS IS SPARTA!

@lucasfrancofreire

aparece, a lembrança vem à tona, e a reação instintiva é desviar da dificuldade, mesmo que isso signifique voltar algumas casas no jogo da vida, só para se manter seguro. Achamos, assim, que não estamos correndo riscos. Bobagem!

Segundo um norte-americano, chamado Paul G. Stoltz, a quem vou lhe apresentar de forma mais adequada logo mais, o ser humano é obrigado a enfrentar, em média, 23 adversidades por dia. Ele chegou a essa conclusão após conduzir um estudo nos Estados Unidos. No Brasil, pelo nosso histórico, eu diria — em um cálculo *beeem* conservador — que você pode acrescentar pelo menos mais um zero nesse número. *Houston, we have so many problems!*

Embora boa parte de nós fuja dos problemas como o diabo da cruz, a verdade é que a adversidade é o tempero da vida. Tentamos, de toda forma, prever e controlar tudo, seja no âmbito profissional, seja no pessoal. Fazemos planejamento e listas, programamos compromissos, traçamos metas, calculamos lucros e prejuízos, além de vantagens e desvantagens, sob a ilusão de que é possível compartimentar, isolar e gerenciar todas as atividades, evitando qualquer circunstância, situação ou corpo estranho ou fora do padrão que nos impeça de ser mais ricos, mais satisfeitos, mais realizados e mais felizes. Nada nos convence de que não somos seres onipotentes.

- Nem as mudanças climáticas.
- Nem a globalização.
- Nem a transformação digital.
- Nem as insistentes crises políticas e econômicas.
- Nem o número cada vez maior de afastamentos no mercado de trabalho por razões médicas.
- Nem uma pandemia.

Chegamos a ponto de adoecer por teimosia, por não querer acreditar na inexistência de recursos ou dispositivos eletrônicos capazes de controlar a vida. Quanto estresse teríamos evitado se tivéssemos acreditado em Heráclito, filósofo pré-socrático grego, que anunciou ao mundo, entre 550 e 450 a.C, que "tudo se transforma o tempo todo no mundo." Opa, será que confundi os filósofos?

PEGA ESTA!

Um dos meus livros favoritos, e que também já virou treinamento, é *Cem dias entre céu e mar*, em que o navegador Amyr Klink relata sua travessia da África ao Brasil em um barco a remo. Obcecado por planejamento, por odiar passar perrengue no mar, ele tentou prever tudo o que poderia acontecer durante essa viagem. Em vários trechos da obra, a experiência de Klink sobre as ondas, em uma imensidão sem fim, tornou-se uma metáfora da nossa existência em terra firme. "Estava profundamente bem, como se a vida tivesse sido sempre assim, alternando, dia após dia, paisagens violentas com cenas de calma, minutos de preocupação com momentos de muita alegria."

É claro que nem tudo saiu como esperado.

Para começar, o amigo que o acompanharia nas 3.500 milhas desistiu. Teve, ainda, tormenta, ataques de tubarão e uma solidão absurda sobre as águas escuras do Atlântico. "Descobri como é bom chegar quando se tem paciência. E para se chegar, onde quer que seja, aprendi que não é preciso dominar a força, mas a razão. É preciso, antes de mais nada, querer."[69]

Para a nossa sorte, muitos pensadores e estudiosos se debruçaram sobre os dilemas da vida. E isso não é papo de autoajuda, mas um reconhecimento concreto de que a impermanência é uma constante, e precisamos de ferramentas não para paralisar as mudanças e a ordem natural da natureza e da vida, mas para lidar com imprevistos e incertezas.

É por isso que volto a falar de Paul Stoltz, autor de vários livros, além de ter criado métodos e ferramentas sobre resiliência e perseverança, muitos dos quais adotados por programas de Harvard e do MIT.[70] Eu o conheci quando ainda trabalhava naquela panela de pressão que era a fábrica de celulose. Ele foi um dos professores de um curso de que participei. Fiquei tão impressionado com o trabalho que acabei trocando algumas mensagens com ele e cheguei até a receber um convite para representá-lo no Brasil.

O que me chamou atenção é que Stoltz pôs em xeque a importância do QI e do QE. O psicólogo e PhD de Harvard Daniel Goleman já havia dito que a inteligência (QI) não era garantia de sucesso. Para prosperar, segundo ele, era preciso inteligência emocional, representada pelo quociente emocional

(QE) e formada por autoconhecimento, autocontrole, motivação, empatia e habilidades sociais. Essas competências, até pouco tempo atrás, não eram ensinadas em escolas de negócios e universidades. Com o crescimento da automação e da inteligência artificial, a preocupação com o desenvolvimento dessas *soft skills* aumentou. De acordo com uma pesquisa da Career Builder,[71] com mais de 2.600 profissionais de RH:

- 71% deles valorizam mais a QE do que o QI ao contratar funcionários;
- 59% deles não contratariam alguém com baixo QE, mesmo com uma alta pontuação de QI;
- 75% são mais propensos a promover funcionários com alto QE.

Diante disso, proliferaram os cursos, programas e coachings de inteligência emocional, de olho na demanda por desenvolvimento de lideranças mais empáticas dentro das organizações. O que Stoltz fez foi levantar mais um alerta.

PARA! PARA! PARA! PARA!

"Algumas pessoas possuem um QI alto e todos os aspectos da inteligência emocional, mas ficam tragicamente aquém do seu potencial", constata ele no livro *Adversity quotient*,[72] que, em tradução literal, quer dizer "quociente de adversidade". "Nem QI nem QE parecem determinar o sucesso de alguém. No entanto, ambos desempenham um papel. A questão permanece, no entanto: por que algumas pessoas persistem, enquanto outras — talvez igualmente brilhantes e bem ajustadas — ficam aquém, e outras, ainda, desistem?"

O que falta nessa equação para você? Qual é o pulo do gato? O que faz um homem jogar a toalha diante de um desafio ou de uma ideia, enquanto outro, como Thomas Edison, repete uma experiência mais de 50 mil vezes, durante vinte anos, até inventar a lâmpada? Como uma pessoa é capaz de repetir tantos resultados e continuar persistindo, enquanto outros enxergariam como 50 mil fracassos? Você já parou para pensar nisso?

Stoltz, sim. Na verdade, ele se tornou um obcecado por estudar a reação das pessoas à adversidade. Depois de dezenove anos debruçado sobre o assunto, ele chegou à conclusão de que o meu, o seu, o sucesso de todo mundo depende da capacidade de resposta aos problemas, conflitos e incertezas.[73] Uma das obras que mais aprecio é *As vantagens da adversidade*,[74] que Stoltz escreveu junto com Erik Weihenmayer, o primeiro alpinista cego a escalar o Monte Everest. Aliás, ele não só pisou no lugar mais alto da Terra, como também nas sete montanhas mais altas dos sete continentes. Logo, não há melhor dupla para nos falar sobre vencer adversidades.

Weihenmayer perdeu a visão aos 14 anos. De acordo com suas próprias palavras, ele se sentiu, em um primeiro momento, como um "texugo encurralado em um canto, mostrando os dentes e atacando o mundo inteiro".[75] Em um desenho bem simplório de cenários, ele tinha duas alternativas: manter-se isolado, lamuriando-se da sua falta de sorte na vida; ou reaprender a viver, abraçando os desafios e problemas.

"Apenas depois de me deparar com algumas adversidades sérias foi que finalmente decidi encarar a tempestade. Um dia, caminhando pelas docas que ficavam perto de casa, enquanto balançava distraidamente a bengala diante de mim, acidentalmente pisei fora da plataforma, dei uma volta no ar e caí de costas no convés de um barco. Foi espantoso como eu não quebrei a espinha ou rachei a minha cabeça. Consegui me arrastar de volta para o cais, atordoado e em pânico. Pela primeira vez meu medo de morrer superou meu ódio pela cegueira, não podia mais negá-la, evitá-la ou desejar que fosse embora. Nenhum treinamento de atitudes positivas poderia me ajudar. A cegueira era de fato real na minha vida. E se eu continuasse a lhe dar as costas e negar os fatos, ela acabaria me matando. Foi então que finalmente assumi o compromisso de aprender a me orientar com a bengala, ler em Braile, com resultados surpreendentes."[76]

No livro, os autores defendem que, diante das montanhas da vida, há três perfis de pessoas:

- **Os desistentes:** aqueles que olham lá para cima e desistem sem sequer começar. São pessoas que não suportam o peso da escalada e/ou tem aversão ao risco;
- **Os campistas:** esses vão um pouco mais longe, fazem o que podem, suportam alguns perrengues, mas jamais ultrapassam certos limites, preferindo o aconchego e a previsibilidade que encontram em sua zona de conforto;
- **Os alpinistas:** aqueles que se entregam aos desafios, que fazem da aventura uma oportunidade de diversão e aprendizagem, superando crenças, medos e limites.

De acordo com eles, 150 mil líderes do mundo inteiro reconheceram, em uma pesquisa, que de 5% a 20% do capital humano das suas empresas é formado por desistentes; de 65% a 90%, por campistas; restando um número muito reduzido de alpinistas dentro das organizações.[77]

Pergunta: onde a carapuça serviu para você? Em que estágio da montanha você fincou a sua bandeira?

Para Stoltz, é preciso desenvolver um controle interno para encarar os problemas de uma maneira diferente.

VOCÊ NÃO PRECISA NECESSARIAMENTE SE TORNAR UM ALPINISTA. A QUESTÃO NÃO É CURTIR A VIDA ADOIDADO OU PERIGOSAMENTE, MAS ACEITAR A INSTABILIDADE E A AMBIVALÊNCIA DO MUNDO EM QUE VIVEMOS PARA ENCONTRAR SOLUÇÕES PARA AS INEVITÁVEIS TURBULÊNCIAS DA HIPERMODERNIDADE.

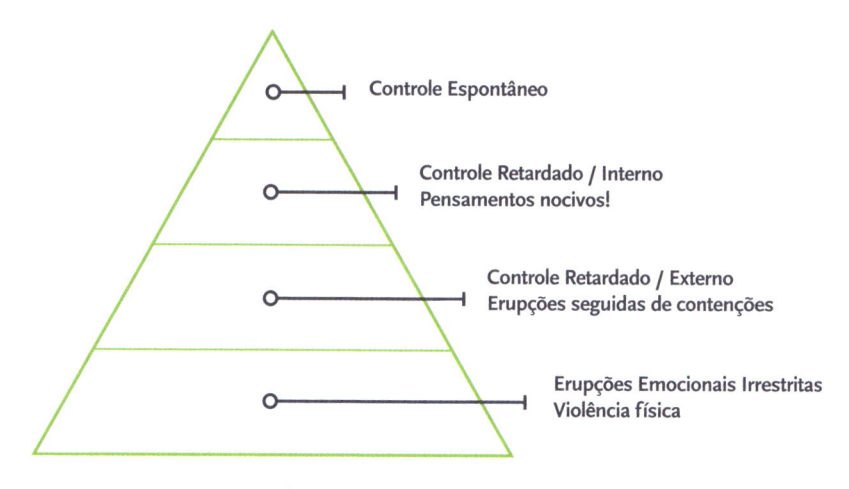

Controle Espontâneo

Controle Retardado / Interno
Pensamentos nocivos!

Controle Retardado / Externo
Erupções seguidas de contenções

Erupções Emocionais Irrestritas
Violência física

As cinco formas de resposta das pessoas à adversidade[78]

A pirâmide do controle ilustra bem as possibilidades e a capacidade de enfrentamento a situações adversas. Na base, estão as pessoas sem resiliência alguma para enfrentar problemas e até contrariedades; no topo, aquelas que conseguem surfar melhor entre as incertezas. Seguindo os ensinamentos de Stoltz, as reações mais comuns são:

- **Violência física:** própria daquele que se comporta como o homem das cavernas e parte para a agressão física, em uma evidente falta de controle emocional e social diante de instabilidades e contrariedades;
- **Erupções emocionais irrestritas:** caracterizam aquele que tem o famoso pavio curto, que explode durante situações ou circunstâncias desfavoráveis, demonstrando também pouca inteligência emocional;
- **Controle retardado externo:** típico daquele que, diante das incertezas da vida, vive uma gangorra emocional — ora esbravejando, ora reprimindo o que pensa e sente;
- **Controle retardado interno:** próprio daquela pessoa que, diante do inesperado, é consumida por pensamentos e emoções, além de julgamentos e punições, em um looping interno desgastante e extremamente tóxico;
- **Controle espontâneo:** característico daquela pessoa mais resiliente às mudanças, capaz de moderar suas ações e reações, de acordo com o verdadeiro peso das circunstâncias.

Você já deve ter ouvido que a resiliência é como um músculo a ser exercitado. Isso quer dizer que o ser humano precisa utilizar melhor o próprio cérebro, deixando de responder instintiva ou automaticamente a qualquer estímulo que lhe pareça provocador. Foca-se, assim, o agora, o que está diante de si, sem qualquer cortina de fumaça capaz de ofuscar a razão. Daí a necessidade de isolar a emoção e até julgamentos passados para compreender o presente.

Em um artigo publicado na *Harvard Business Review*, Stoltz reforça essa mudança brusca de comportamento: do "pensamento orientado para a causa" para o "pensamento orientado para a resposta".[79] Junto com o professor Joshua D. Margolis, coautor do texto, ele explica que os líderes mais resilientes são aqueles capazes de fazer leituras de cenário, adotando uma postura positiva e proativa diante dos problemas.

> "A maioria de nós, ao vivenciar um episódio difícil, faz suposições rápidas sobre suas causas, magnitude, consequências e duração. Decidimos instantaneamente, por exemplo, se era inevitável, uma função de forças além de nosso controle, ou se de alguma forma poderíamos ter evitado isso. Os gerentes precisam mudar desse tipo de pensamento reflexivo para o pensamento "ativo" sobre a melhor forma de responder, perguntando a si mesmos quais aspectos eles podem controlar, que impacto podem ter e como podem ser contidas a amplitude e a duração da crise."

Como Amyr Klink, no Atlântico, é possível aprender com as tormentas e se moldar às situações, controlando o que é viável, para atingir o seu objetivo. Como ensinou Bruce Lee: *Be water, my friend!*, isto é, seja como a água, que se adapta e flui. A harmonia não está na ausência de dificuldades, mas em saber administrar as ocorrências. E isso, de novo, não é novidade na história da humanidade.

VOCÊ JÁ VIU?

À *Procura da Felicidade*, filme de 2006 estrelado por Will Smith e com direção de Gabriele Muccino, conta a história de Chris Gardner, um homem que perdeu tudo, a ponto de ter que dormir com o filho pequeno no banheiro de uma estação de trem. Com muita dedicação e resiliência, ele deu a volta por cima e se tornou multimilionário. Antes que você diga "ah, Lucas, isso é conto de Hollywood", saiba que o drama é baseado em fatos reais. Chris Gardner existe, e o que Hollywood não contou é que ele teve uma infância problemática e chegou a ser preso na juventude.[80] À imprensa, ele declarou que foi naquele malcheiroso banheiro de estação que teve a epifania da sua vida: "Neste mundo, há dois tipos de pessoas: aquelas que veem um monte de estrume e o identificam como cocô e as que reconhecem ali uma boa quantidade de fertilizantes".[81] Gardner, diante da situação, escolheu correr atrás do seu monte. E você?

Epicteto. Esse nome lhe é familiar? Se não, sinto um prazer enorme em apresentá-lo a você. Epicteto, ou Epiteto, nasceu na Frígia, hoje Turquia, e foi escravo em Roma, onde sofreu horrores. Serviu a Epafrodito, secretário de Nero e famoso por suas crueldades.[82] Ainda assim, Epicteto jamais baixou a cabeça, mesmo diante das situações mais humilhantes e dolorosas. Nunca reclamou do seu destino, agarrando-se à única liberdade que tinha: a intelectual. Foi esse olhar, ou virtude, que o levou a se tornar, após obter a alforria, um dos filósofos mais respeitados, um exemplo inspirador para milhares de pessoas até os dias de hoje.

Para você entender a resiliência estoica desse homem, saiba que ele apanhou tanto que chegou a ficar aleijado. Uma de suas obras de que mais gosto é o *Manual para a vida*, no qual ele diz:

> "Todas as coisas existentes se dividem da seguinte forma, as que estão no nosso poder e as que não estão. Em nosso poder estão o pensamento, o impulso, a vontade de adquirir e a vontade de evitar. E, resumidamente, tudo que resulta das nossas ações. As coisas que não estão no nosso poder incluem o corpo, a propriedade, a reputação, o cargo. Resumidamente, tudo aquilo que não resulta das nossas ações. As coisas sob o nosso poder são por natureza livres. Não encontram obstáculos à sua frente e não são por nada limitadas. Já as coisas que não estão no nosso poder são fracas, servis, sujeitas a limitações e dependentes de outros fatores."[83]

Epicteto pertenceu a uma escola filosófica antiga, fundada por um homem que adorava filosofar na sua varanda, a *stoa*. Seu nome era Zenão de Cítio (334–262 a.C.) e ele defendia que era preciso dominar as paixões, as emoções e os pensamentos para atingir a sabedoria, a maior virtude de todas, e tomar a realidade como ela realmente é.

Não entenda essa visão de mundo como uma passividade em relação aos acontecimentos. Os estoicos, como ficaram conhecidos, estavam mais inclinados à ataraxia, palavra difícil que mais parece nome de medicamento, mas que faz referência a uma alma que não se deixa perturbar pela impermanência da vida. Assim, emoções e desejos mundanos devem ser isolados para que ações e reações sejam tomadas de um lugar de moderação e razão, a partir das circunstâncias apresentadas. Em *A odisseia da filosofia*, o escritor José Francisco Botelho resgata uma parábola atribuída a Zenão:

> "Quando um cão está amarrado a uma carroça, ele pode escolher segui-la, fazendo com que seu ato espontâneo coincida com a necessidade; mas, caso ele se recuse a seguir a carroça, será obrigado, de alguma forma ou outra, a fazê-lo. O mesmo ocorre com os humanos: mesmo que não queiram, serão de toda maneira obrigados a seguir o curso a que estão destinados."[84]

Assim sendo, após o meu acidente, eu poderia:

- Virar o justiceiro e sair atrás dos ladrões que me roubaram em um momento de extrema vulnerabilidade;
- Criar um plano nababesco, inspirado em algum filme de Hollywood, para matar meu chefe, sobre quem recairia a culpa por todos os meus infortúnios;

- Esbravejar contra o universo por ele não facilitar a vida de um trabalhador que está tentando fazer a diferença no mundo;
- Ou, enfim, bebendo da sabedoria estoica e de Stoltz, lidar com a situação que se apresentava à minha frente, gostando ou não dela.

Embora tenha na Grécia Antiga o seu berço, o estoicismo prosperou em Roma por meio de duas figuras muito conhecidas da história: Sêneca, o dramaturgo e conselheiro de Nero, e Marco Aurélio, o imperador da Dinastia Antonina. O primeiro, autor das aclamadas *Cartas a Lucílio*, via a filosofia como uma bússola para a vida, e não como uma ferramenta de retórica, como tantos fizeram e ainda fazem. O segundo, quando não estava envolvido em guerras sangrentas, derramava suas reflexões, compiladas hoje em uma obra chamada *Meditações*. A adversidade talhou a experiência de vida de ambos, assim como a de outros estoicos. O que os fez permanecer de pé foi a crença de que a natureza humana é usar a razão. É preciso explorar ao máximo a intelectualidade e a racionalidade, controlando emoções e pensamentos, entendendo gatilhos e despindo-se de crenças e julgamentos, para não limitar a existência humana.

O estoicismo surge não como uma filosofia, em busca de uma verdade universal, mas como um exercício diário. Seus praticantes são movidos por um senso de justiça, de temperança (equilíbrio emocional), de sabedoria e de coragem, muito fortes. Esses quatro norteadores do comportamento, considerados virtudes fundamentais, são um contraponto à injustiça, ao desequilíbrio emocional, à perda da razão e à covardia. Tornaram-se uma base muito importante também para a psicologia, principalmente a cognitiva, que questionou teorias anteriores, ao jogar luz sobre o processo do saber e como e por que reagimos às mudanças.

> **PEGA ESTA!**
>
> O estoicismo está impregnado em vários personagens famosos — dos filmes de Hollywood às novelas brasileiras. Hannibal Lecter, o canibal mais famoso do cinema, interpretado por Anthony Hopkins, sugere, em *O Silêncio dos Inocentes*, que a agente do FBI Clarice Starling leia Marco Aurélio. "Pergunte o que cada coisa é em particular. Qual é a sua natureza?", ensina.[85]
>
> Na novela *Êta Mundo Bom!*, da TV Globo, o caipira Candinho repete à exaustão o lema: "Tudo o que acontece de ruim na vida da gente é pra meiorá". Positivismo exagerado?
>
> Não, ao contrário, ser estoico significa, muita vezes, pensar, e até viver, o pior cenário possível e extrair daí os aprendizados. Os estoicos acreditam que o universo é regido pelo divino, cabendo ao indivíduo fazer o melhor diante de cada situação que se apresenta, isolando qualquer tipo de drama e concentrando-se nas soluções. No estoicismo, tudo que existe tem uma natureza, que é a virtude e a finalidade das coisas. A natureza humana é a razão; logo, usar a razão é a nossa maior virtude e a nossa maior missão. Para muitos, Spock, o lendário oficial da Enterprise na série *Jornada das Estrelas*, incorpora como nenhum outro as premissas da filosofia estoica por usar a razão e a lógica nas situações mais desesperadoras. Spock se concentra no agora.[86]

É por isso que a resiliência estoica é o segundo pilar do **Playfulness**. A hipermodernidade nos joga de um lado para o outro o tempo todo. Somos alvejados por uma quantidade sem precedentes de informações, que põem em xeque qualquer verdade absoluta, sobre qualquer assunto.

Comer ovo, afinal, faz bem ou não? Quantos são permitidos por dia, ou seria por semana, ou por mês?

O que dizer da felicidade e do sucesso, propósito diário de boa parte dos 7 bilhões de habitantes do planeta, objetivo inalcançável, principalmente sob a ilusão de controle do tempo e da vida?

Cada vez que alguém me convida para palestrar sobre gestão do tempo, eu falo: EPA!

Não podemos gerir o tempo — somente reconhecer e administrar as prioridades, aquilo que importa para nós e que pode fazer a diferença na nossa rotina ou no nosso trabalho. Essas são as variáveis sobre as quais realmente podemos ter algum controle. É isso que diferencia o pensamento estoico dos métodos de autoajuda, que fazem dos seus leitores e seguidores ratinhos de laboratório, correndo dentro de cilindros até a exaustão.

E se você ainda não está convencido da importância de romper as correntes da escravidão com essa cultura da felicidade, com doses nada homeopáticas de perfeccionismo, loucura e miopia, saiba que há uma longa lista de pensadores modernos trabalhando isso das mais diferentes formas.

Em *Sapiens*, o historiador Yuval Harari elucida como a revolução industrial e tecnológica não incrementou a qualidade de vida do ser humano — pelo contrário. Eu gosto muito do trabalho do jornalista Oliver Burkeman, que se apoia na ironia britânica para enfatizar, em *Manual antiautoajuda*, como a nossa geração mostrou-se extremamente "incompetente" na busca pela felicidade.

> "A verdade desconfortável parece ser de que o crescimento econômico não garante sociedades mais felizes, da mesma forma que uma renda pessoal maior, acima de um nível mínimo, não garante pessoas mais felizes. Nem uma educação melhor, pelo menos de acordo com algumas pesquisas. Nem um número cada vez maior de produtos de consumo. Nem casas maiores e mais bonitas, que parecem garantir apenas o privilégio de mais espaço onde se sentir deprimido. Talvez não seja preciso dizer que livros de autoajuda, a apoteose moderna da busca pela felicidade, estão entre as coisas que não nos tornam mais felizes. Mas, só para registrar: estudos indicam fortemente que eles não costumam ajudar muito. É por isso que alguns editores de autoajuda chamam isso de 'regra dos dezoito meses'. Por essa regra, a pessoa mais suscetível a comprar um livro de autoajuda é aquela que nos dezoito meses anteriores comprou um livro semelhante — que evidentemente não resolveu seus problemas."[87]

O ponto que ele levanta é que a felicidade não deve ser o fim — e essa concepção completamente equivocada é o que torna a busca, e por consequência a nossa existência, tão atormentada e ineficiente. Burkeman até resgata o filósofo da contracultura Alan Watts, para quem todo esforço fora do comum já é um sinal de que algo está muito errado. Algumas religiões também defendem essa "lei do mínimo esforço", visão compartilhada por especialistas como Deepak Chopra, médico e autor de vários best-sellers. Isso nada tem a ver com deixar a vida conduzir você, mas, sim, como diziam os estoicos, em não desperdiçar recursos em lutas inglórias. É preciso dimensionar adequadamente os desafios para superá-los.

VOCÊ JÁ VIU?

Em 1997, o Brasil inteiro parou em frente à televisão. Quem estava em campo não era a seleção brasileira de futebol, mas um time de estrelas de Hollywood e rostinhos bem conhecidos do cinema nacional, como a atriz Fernanda Montenegro e o (então) garoto Vinicius de Oliveira, protagonistas do filme *Central do Brasil*, do diretor Walter Salles. Nossa expectativa era grande — tanto Fernanda quanto a película vinham arrebatando corações e prêmios mundo afora, com uma história sensível de uma professora aposentada que escrevia cartas para analfabetos na estação carioca que dá nome ao filme. Infelizmente, Fernanda perdeu o prêmio para Gwyneth Paltrow, pela atuação desta em *Shakespeare Apaixonado*. A estatueta de melhor filme estrangeiro foi para *A Vida é Bela*, dirigido e estrelado por Roberto Benigni. Enviado a um campo de concentração junto com o filho, o protagonista usa a sua criatividade e sensibilidade para poupar a criança da realidade que enfrentam. Escapismo? Não, resiliência estoica para não esmorecer frente a tempestades e tormentas e fazer o melhor possível em meio a condições adversas.

Quer um exemplo concreto disso?

Em 2006, tirei alguns dias de folga com meus irmãos e fui para Boipeba, uma ilha paradisíaca da Bahia, com praias naturais de águas translúcidas. Por motivos de preservação, nada de infraestrutura no local. Nem carro circula por lá. Quer almoçar? Dirija-se à outra ilha — se a maré estiver baixa, andando mesmo; caso contrário, prepare-se para navegar.

Foi nessa travessia que conheci o Felipe, um sorveteiro. A diferença é que, enquanto eu estava confortável, só admirando a paisagem no barco, ele, com água no pescoço, puxava o carrinho com uma mão e com a outra, fazia força para chegar à terra firme. Assim que avistei aquela cena, fiz o barqueiro parar.

HOMEM AO MAR! HOMEM AO MAR! HOMEM AO MAR!

Com ajuda de outras pessoas, puxei Felipe e seu carrinho para dentro da nossa embarcação. Sabe qual foi a primeira frase que ele disse para mim? "Tio, quer um picolé?"

Felipe não se encontrava em perigo. Nem estava ali por acaso. Naquele dia, ele acordou, abriu a janela do seu quarto, observou o tempo nublado e disse para si mesmo: "Vai chover. Oba! Não vou ter concorrentes!".

Sua escolha de sair para trabalhar, mesmo diante de um clima nada favorável, foi consciente. Ele vendia sorvetes para ajudar a mãe a reformar a casa onde moravam. Esse era o seu propósito, muito maior que a maré e a chuva. Naquele dia, apesar de tudo, ele bateu a meta de um mês, suficiente para dar uma bela ajeitada no seu quarto.

Aquele jovem magrelo, morador de um canto isolado do planeta, é uma prova concreta de resiliência estoica, ou seja, da capacidade de usar a razão para contornar problemas e adversidades. Não há como fugir deles, mas é possível enfrentá-los e, principalmente, enxergá-los como são.

FELIPE: RESILIÊNCIA ESTOICA EM AÇÃO

Foto: Arquivo pessoal

Burkeman recorda que o estoico Marco Aurélio dizia que "nossas perturbações vêm somente daquilo que está dentro de nós". "Na verdade, é um processo de dois passos: entre o acontecimento externo e a emoção interior, há uma convicção. Se você não achasse ruim a doença de um parente, você ficaria aborrecido com ela? Claro que não. Shakespeare põe na boca de Hamlet: 'Não existe nada de bom ou mau que não seja assim pelo nosso pensamento'. Muito estoico",[88] reforça o jornalista inglês.

Felipe tinha gana por vencer, e isso fez com que não desanimasse diante de um tempo ruim, da maré alta e até da possibilidade de não encontrar tantos turistas pela frente. Ele quase se afogou, mas não entrou em pânico. Jurou que seu carrinho é capaz de boiar. Tinha certeza de que não perderia seu tempo, sua mercadoria nem sua vida.

Os três principais sintomas de quem se entrega à adversidade, em vez de aprender a lidar com ela, são:

- **Reclamação excessiva e constante:** viver em um ininterrupto "Oh, céus, oh, vida" só é engraçado no *cartoon*. Na vida real, empata o jogo e impede de andar para frente;
- **Vitimização:** assumir responsabilidade é parte fundamental do protagonismo. A culpa pode até não ser sua, mas a gana para sair dessa, é;
- **Aversão ao risco:** ninguém aprende na zona de conforto. Na hipermodernidade, não prospera quem resiste à mudança, somente quem se adapta e tira proveito dela.

É por isso que, para o **Playfulness**, surfar em meio a incertezas é tão importante. Como desativar nosso instinto de sobrevivência diante de situações desconhecidas que representam um risco à existência?

Para Stoltz, o segredo está na autogestão (ou controle emocional), que pode ser alcançada por meio de uma regra que ele chamou de Odaf. Funciona da seguinte maneira:

- **Ouça suas reações:** capacidade de ouvir a si mesmo diante uma adversidade. É o momento em que você se pergunta: qual é a minha reação diante de um problema?
- **Defina responsabilidades:** faz referência ao *accountability*, ou seja, qual é o seu papel e sua responsabilidade diante desse novo cenário?
- **Analise as evidências:** quais são os fatos e como eles podem realmente impactar meu futuro?

- **Faça alguma coisa:** não paralise diante dos desafios, movimente-se, reinvente-se.

Aprendi isso pouco antes daquele acidente de carro. Após o ocorrido, fui para a minha "varanda" e avaliei como reagiria àquela situação. É claro que não me refiro somente ao prejuízo financeiro com o carro e os demais itens roubados. A leitura foi mais ampla, fazendo-me refletir o que me levou até aquele momento e o que eu poderia mudar a partir dele. Ali eu decidi o rumo da minha vida: pedi demissão daquela empresa e me tornei empreendedor, com todas as vantagens e desvantagens, altos e baixos, que isso implicaria. Esse é o principal fundamento da resiliência estoica, o segundo pilar do **Playfulness**.

Como seguir por esse caminho?

Deixe de lado qualquer suposição de que está sozinho. O oceano está cheio de barcos, de todos os tamanhos. As incertezas, instabilidades, trovoadas e tormentas são experimentadas por todos os moradores deste planeta azul. A pandemia é o melhor exemplo disso — ninguém passou incólume. A Covid-19 mostrou como somos vulneráveis, apesar de todo o avanço tecnológico e científico da humanidade. Nem os países mais ricos e poderosos foram capazes de impedir que um vírus fechasse cidades e infectasse milhares de cidadãos, levando vários a óbito.

Logo, pare de se comparar aos outros. Não pense que só você está em uma canoa, enquanto os outros atravessam as turbulências no conforto de um transatlântico. Trate de focar sua energia no sentido de aperfeiçoar a sua embarcação e torná-la um gigante de aço multipropósito, como um porta-aviões da Marinha.

Para o **Playfulness**, a resiliência estoica representa a capacidade de enfrentamento e de exercitar o controle sobre o que pode ser transformado, diante de qualquer desafio, situação ou circunstância. Ela é uma competência-irmã da criatividade, que também se alimenta dos problemas e das adversidades para inventar e reinventar soluções.

É por isso que o psiquiatra suíço Carl Jung dizia que a vida em harmonia e em equilíbrio é o destino mais terrível que se pode ter. Não há criatividade, não há superação, não há vida inteligente sem desafios.

A resiliência estoica do **Playfulness** nos permite:
- Entender que as adversidades põem a vida em perspectiva;
- Apreciar tudo o que já foi criado e realizado;

- Resgatar o propósito;
- Quebrar a complacência;
- Aprender e criar.

A RESILIÊNCIA ESTOICA NÃO É SOBRE RESISTIR. É, ACIMA DE TUDO, SOBRE EVOLUIR.

Por isso, encerro este capítulo com uma frase do maior pensador estoico de todos os tempos, Rocky Balboa, o lutador eternizado por Sylvester Stallone: "Não é sobre o quão duro você é atingido, é sobre como você pode ser atingido e seguir em frente. Quanto você pode aguentar e continuar seguindo em frente".

PLAYPRÓSITO

Aposto que, ao longo deste capítulo, você já refletiu sobre a forma como enfrenta os desafios e adversidades.

Vamos fazer isso de forma mais estruturada?

- Faça uma lista de todos os perrengues pelos quais já passou, todas as tretas em que já se meteu, tudo o que já conquistou;
- Dessa lista, selecione as duas situações que mais lhe dão orgulho. O que fez diferença?;
- Agora, volte para dois desafios recorrentes da sua vida. Como você os tem enfrentado?;
- Faça um jogo de perspectiva: escolha três pessoas e avalie como elas reagiriam a tal situação. Exemplo: como um executivo que você admira, seu competidor e seu melhor amigo reagiriam a um desses desafios. O objetivo é exercitar novas formas de olhar para um problema;
- Que lições você tem a tirar? Em que pode melhorar?

Precisa de uma *playlist* para este momento?

ENTÃO, ABRA O SEU SPOTIFY, ACESSE **PLAYFULNESS/RESILIÊNCIA ESTOICA** OU ESCANEIE O *QR CODE* ABAIXO E APERTE O PLAY!

CAPÍTULO 5

FLOW

MERGULHE! AME ALGO! ENCONTRE O FLOW!

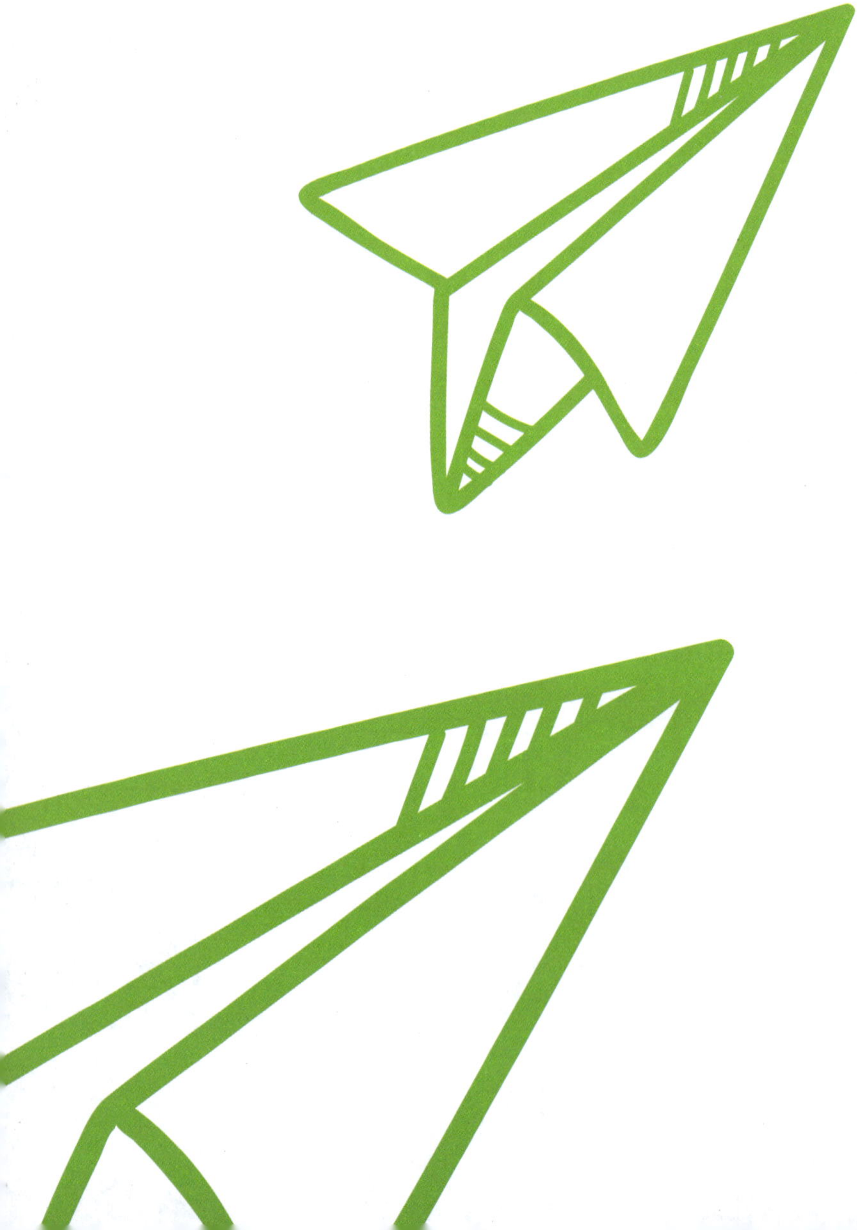

FLOW — MERGULHE! AME ALGO! ENCONTRE O FLOW!

Quando recebi o convite para ser professor, é claro que senti um frio na barriga. Era um triplo desafio: assumir um segundo emprego, em uma área em que eu não tinha muita experiência e em um horário inglório. A proposta era substituir uma professora na última aula da semana, ou seja, na sexta-feira, às 21h10. Prender a atenção daqueles jovens, futuros administradores do nosso país, dentro dessas condições, parecia uma tarefa para Ethan Hunt, uma missão (quase) impossível.

Naquela época, eu não tinha tanta experiência com treinamento, somente paixão pelo assunto. Você já sabe que eu passava a maior parte do tempo em um ambiente coercitivo, com pouca liberdade para criar. No entanto, minha inquietude e a vontade de transformar não foram completamente limadas. Deixei um legado naquela fábrica que considero muito importante: um centro de treinamento. O objetivo era desenvolver competências e habilidades, fazer a gestão do conhecimento e, claro, motivar as pessoas não só a terem um desempenho melhor, argumento mais interessante para a empresa, como também a melhorarem suas vidas. É esse, acredito, o poder da educação. E era essa a magia que eu queria espalhar também por aquela sala de aula.

Naturalmente eu estava ciente de que essa não seria uma tarefa fácil. Eu já tinha sido aluno e sabia o quanto a última aula da sexta-feira, véspera de fim de semana, podia ser maçante. O cansaço bate, e a ansiedade vai às alturas. Se chegasse à sala de aula e simplesmente expusesse o conteúdo, como tantos professores fazem, eu cumpriria o que era esperado de mim pela chefia. Talvez eu me mantivesse naquela posição por mais tempo, o que também não seria ruim. Com sorte, ainda despertaria o desejo por aprendizado em um ou outro jovem. Seguiria, enfim, o script. #sqn

Essa nunca foi a minha pegada. Desde pequeno, sempre fui uma pessoa extremamente desconfiada. Uma das memórias mais nítidas que tenho é de uma foto em que estou cercado pelos meus irmãos — eles olhando de frente, enquanto sustento o meu olhar, o mesmo de sempre, de lado, como se estivesse permanentemente desconfiado do que iria acontecer.

EU E MEUS IRMÃOS

Foto: Arquivo pessoal

Assim como sempre questionei regras, principalmente aquelas que não parecem ter sentido algum, nunca confiei em fórmulas prontas, dadas de mão beijada, sem esforço.

@lucasfrancofreire

Reflita comigo: se o ser humano experimenta pelo menos 23 adversidades, em média, por dia, e ninguém é igual a ninguém neste planeta de 7 bilhões de habitantes, é extremamente limitante pensar que exista uma única resposta para tudo. Hellooo?!

Há um universo de possibilidades à nossa frente. E, para mim, aplicar métodos e modelos fechados — seja para solucionar problemas no trabalho ou na vida —, sem nenhum tipo de questionamento e até mesmo de customização, é deixar de exercitar o nosso potencial e limitar a nossa existência.

PEGA ESTA!

Eu, você e todos os habitantes do planeta azul somos resultado de 3 bilhões de anos de evolução. Somos, oficialmente, a tecnologia mais potente e enigmática que existe — tanto é que uma parcela muito pequena do DNA nos distingue, menos de 1%. "O meu DNA e o seu diferem em 3 milhões a 4 milhões de trechos, uma fatia pequena em relação ao total, mas o suficiente para gerar muitas diferenças entre nós", explica o escritor Bill Bryson em *Corpo: um guia para usuários*,[89] livro no qual faz uma verdadeira autópsia desta matéria em que habitamos, elencando uma série de curiosidades. "O corpo costuma ser comparado a uma máquina, mas ele é muito mais que isso: opera 24 horas por dia durante décadas sem (praticamente) exigir manutenção regular ou a instalação de peças sobressalentes, funciona à base de água e alguns compostos orgânicos, é macio e bastante gracioso, além de móvel e flexível, reproduz-se com fervor, faz piadas, sente afeição, aprecia um pôr do sol avermelhado e uma brisa refrescante", pontua Bryson. "Conhecemos quantas máquinas capazes disso? É indiscutível. Você é um prodígio, sem dúvida. Embora uma minhoca, diga-se de passagem, também seja."

Pois é, não somos minhocas, mas corremos o risco de nos tornar uma ao abdicarmos do direito de pensar, de experimentar, de viver em *flow*. WTF?

Flow é uma palavra inglesa que, segundo o dicionário Cambridge, quer dizer corrente, fluxo, vazão. "O contínuo, o movimento suave de algo", segundo a tradicional publicação britânica.[90] Esse substantivo ganhou um novo significado pelas mãos do psicólogo croata Mihaly Csikszentmihalyi, que, quando criança, se interessou por uma questão que desafia pensadores desde o início dos tempos: o que move as pessoas e as faz celebrar a vida mesmo diante de tantas tentações e tragédias?

Essa curiosidade, nascida entre os escombros da Segunda Guerra Mundial, permaneceu adormecida dentro dele até a vida adulta, quando decidiu investigar essa tal de felicidade. O garotinho havia, então, se tornado um psicólogo pela University of Chicago. A vocação, aliás, foi descoberta de forma inusitada: após comparecer a uma palestra sobre discos voadores. O que lhe chamou a atenção não foi a possibilidade de contatos com extraterrestres, mas o palestrante em questão. Em uma conferência TED, em 2014, ele contou:

> "Na verdade, em vez de falar sobre pequenos homens verdes, ele falou sobre como a psique dos europeus havia sido traumatizada pela guerra e que agora eles estavam projetando discos voadores no céu, uma espécie de... ele falou sobre como as mandalas da antiga religião hindu eram meio que projetadas no céu como uma tentativa de reconquistar algum senso de ordem depois do caos da guerra. E isso tudo me pareceu muito interessante. Comecei a ler seus livros depois daquela palestra. E aquele era Carl Jung, cujo nome ou trabalho eu desconhecia."[91]

Após se mudar para os Estados Unidos para fazer faculdade, Csikszentmihalyi resgatou aquele questionamento da sua infância e saiu em busca de uma resposta para a seguinte questão: por que a vida pode ser tão sofrida e entediante para alguns e alegre e significativa para outros?

Era exatamente entre esses dois universos que eu vivia, quando me debrucei em minha varanda e repensei a minha vida. De um lado, eu vivia uma experiência extremamente desgostosa, sob intensa pressão; de outro, uma atividade mais instigante, também de muita responsabilidade e que me exigia criatividade e energia. É claro que, dentro da sala de aula, também havia um desgaste, que contribuía para o meu cansaço físico, mental e emocional, ainda que em menor escala. Só que, ao mesmo tempo que lecionar exigia muito de mim, roubando-me horas de sono para preparar aulas e corrigir provas, esse trabalho também me proporcionava uma satisfação imensurável.

Com a ajuda da tensão criativa e da resiliência estoica, eu entrava em um estado de espírito único, quase indescritível, que apagava qualquer memória negativa, inclusive o tique-taque do relógio. Na fábrica, por mais que tivesse um objetivo, eu vivia em conflito interno e externo, com *dementadores* (seres das trevas que se alimentam da felicidade humana, registrados na saga do mago Harry Potter) sugando minha alma, sabotando meus planos e ideias. O tempo não passava, e os projetos podiam até prosperar, mas à custa de muito suor e sangue.

Naquele dia, depois do acidente, eu não tive uma grande epifania, mas reconheci dois caminhos bem distintos diante de mim. Recordei-me, então, dos ensinamentos de um dos meus mestres. Certa vez, ele me disse: "Se você parar seu treinamento agora, se escolher o caminho rápido e fácil assim como Vader, você se tornará um agente do mal".

Ok, não foi assim.

Yoda não apareceu para mim, embora o recado dele para Luke, em *Episódio V: O Império Contra-ataca*, servisse bem à ocasião.

Eu sabia, bem no fundo, qual batalha eu deveria escolher. A CLT serve sempre como desculpa para evitar saltos no escuro, evitar riscos. Parece um caminho mais seguro, ainda que se adentre, muitas vezes, por uma trilha sombria, completamente desconectada da verdade de cada um. A carteira assinada, a garantia de um salário mensal, de um 13º e do FGTS instauram uma zona de conforto, em especial diante da montanha-russa do empreendedorismo. Os números não mentem: de acordo com o Sebrae, uma a cada quatro empresas fecha antes de completar dois anos de mercado.[92] O retorno sobre o investimento pode levar anos — se o negócio der certo, claro.

Empreender, assim como lecionar, é andar sobre campo minado. Só que também pode ser muito prazeroso, apesar de todos os perrengues. Eu estava vivendo isso na prática. Em 2015, fui convidado para ser professor substituto numa universidade particular. Adorei o convite, mas descobri que não seria nada fácil. Eu iria substituir uma professora numa disciplina pouco atraente para os alunos, e as aulas seriam às sextas-feiras, no último horário à noite. Em menos de seis meses, aquele convite quase deselegante para tocar a última aula de sexta-feira tornou-se uma grade lotada, a semana inteira, em todos os horários, com mais de uma disciplina. Nesse emprego, eu podia exercer o meu propósito e fazer, ainda que por poucas horas, o que me dá prazer: criar conexões.

E não pense você que vou entrar aqui em um papo sobre propósito, palavrinha popular, mas um tanto desgastada e desgastante. Afinal, o propósito, quando posto como uma razão de viver, torna-se algo distante a ser conquistado, como uma meta a ser alcançada em longo prazo ou uma obrigação a ser praticada todos os dias. Damos hoje ao propósito o mesmo tratamento que à felicidade, um sentido extremo, que vira uma obrigação e, logo, um caminho perigoso, com sérios riscos de ter um efeito contrário, isto é, virar uma fonte de desmotivação. Já falamos sobre isso no capítulo anterior, e a questão que ficou pendente é: será que é preciso ser tão difícil assim?

PEGA ESTA!

Assim como só a língua portuguesa possui a palavra saudade, os idiomas nórdicos, como o dinamarquês, possuem a arbejdsglaede,[93] que exprime a felicidade no trabalho, em total contraste com o termo japonês karoshi, que significa "morte por excesso de trabalho". O país viking é conhecido por promover o equilíbrio entre vida pessoal e profissional, com uma carga horária mais leve e um sistema de segurança social que permite às pessoas se dedicarem não àquilo que lhes traga dinheiro, mas àquilo que lhes dê prazer.[94]

Os dinamarqueses até criaram uma outra palavra, sem correspondente em outras línguas, voltada às questões que estão fora do controle e que precisam ser tratadas como tal.[95] Pyt é o mesmo que apertar o botão do f...

Keep it cool, man!

Ora, o ser humano começa a complicar a vida à medida que envelhece. Até então, na infância, viver é o único propósito. Toda criança é mestre na arte do mindfulness, isto é, em permanecer no presente e aproveitar a realidade como ela se apresenta — seja tirando aquela soneguinha gostosa dos justos, seja brincando sozinha, seja descobrindo um novo brinquedo, seja interagindo com os seres vivos e o mundo ao seu redor. A pergunta é: como retornar a esse estado?

Csikszentmihalyi tem essa resposta, e é em sua teoria que o terceiro pilar do **Playfulness** se baseia. Ele se debruçou durante décadas sobre a questão da felicidade. Entrevistou todo tipo de pessoa — de músicos a atletas — justamente para entender como eles percebiam essa sensação tão invejável, além de *como* e *quando* ela se manifestava. Em *Flow*, livro lançado em 1990, vinte anos depois de ter apresentado a sua teoria que o tornou um dos expoentes da psicologia positiva, ele explica:

> "O que eu descobri foi que a felicidade não é algo que acontece. Não é o resultado de boa sorte ou uma chance aleatória. Não é algo que o dinheiro possa comprar ou que o poder comande. Não depende de eventos externos, mas de como os interpretamos. A felicidade, de fato, é uma condição que deve ser preparada, cultivada e defendida em particular por cada pessoa. As pessoas que aprendem a controlar a experiência interior serão capazes de determinar a qualidade de suas vidas, o mais próximo possível de qualquer um de nós de ser feliz."[96]

Isso não quer dizer que Csikszentmihalyi defendia uma atitude de Pollyanna[97] perante a vida. Ele não recomenda que você adote algo parecido ao Jogo do Contente, que sugere descobrir beleza e bondade em todos os acontecimentos — até nas mais terríveis tragédias. Não!

A busca por um estado de euforia contínua não é vista somente como fantasiosa, mas também como algo negativo. Emoções negativas, como o medo, podem ser gatilhos importantes para lidar com determinadas situações. No passado, os homens das cavernas usavam o medo para sobreviver, por exemplo. Estudos demonstram que a felicidade em excesso pode levar as pessoas a se tornarem menos atentas a detalhes e mais propensas a abusar de álcool e outras substâncias que estendam esse estado de prazer. Pessoas muito felizes seriam incapazes de entrar em um modo de resolução de problemas.[98]

A Teoria do *Flow,* de Csikszentmihalyi, é um pilar fundamental do **Playfulness** porque nasce da combustão entre a tensão criativa e a resiliência estoica. Exige comprometimento, abandono da complacência e interpretação da realidade, para desencadear prazer e felicidade nas realizações do aqui e do agora, apesar de tudo e de todos.

VOCÊ JÁ VIU?

Dois em um: *Intocáveis* é um filme francês de 2011, codirigido por Olivier Nakache e Éric Toledano, que ganhou, sete anos depois, uma adaptação em Hollywood, dirigida por Neil Burger, conhecida no Brasil como *Amigos para Sempre*. Em linhas gerais, um milionário tetraplégico aprende a reconhecer os momentos singelos da vida, injetados de felicidade, por meio de um cuidador sem experiência nenhuma com essa profissão e que possui uma história e uma cultura bem diferentes das do seu paciente.

> O filme ensina como o *flow* pode fazer parte do cotidiano, mesmo diante de todos os conflitos que a vida nos inflige.

A teoria de Csikszentmihalyi é totalmente contrária à passividade e não elimina a possibilidade de dor e decepção.

> "Argumentarei que a principal razão pela qual é tão difícil alcançar a felicidade se concentra no fato de que, ao contrário dos mitos que a humanidade desenvolveu para se assegurar, o universo não foi criado para atender às nossas necessidades. A frustração faz parte profundamente do tecido da vida. E, sempre que algumas de nossas necessidades são temporariamente atendidas, nós imediatamente começamos a desejar mais. Essa insatisfação crônica é o segundo obstáculo no caminho da satisfação. Somente o controle direto da experiência, a capacidade de obter prazer momento a momento de tudo o que fazemos, podem superar os obstáculos à realização.[99]"

É por isso que, na visão dele, a felicidade não é algo externo, como propaga a hipermodernidade. Costumo dizer que vivemos hoje em uma sociedade que insiste em olhar para o sol, só que a intensidade dos raios solares fere os nossos olhos, tornando a experiência extremamente frustrante. No mercado de trabalho, isso acontece de várias formas: algumas pessoas saltam de emprego em emprego, sem nunca se realizarem. Há quem acredite que a felicidade está em um lugar, em uma posição ou em um salário de cinco ou seis dígitos; e há os que já nem mais sabem onde procurar.

Outro reflexo da busca desmedida e sem sentido pela felicidade está no consumismo desenfreado, sustentado por uma ilusão, nada duradoura, de que um iPhone de última geração, o carro importado na garagem, uma viagem a um paraíso exclusivo, devidamente registrada no Instagram, preenchem o ser humano e fazem a vida valer a pena. A hipermodernidade, com toda a sua velocidade, instabilidade e superficialidade, alimenta esse mundo de fantasia, que instaura o homem em um permanente labirinto.

E atenção: a gratidão também entra nesse pacote. Todd Kashdan, professor de psicologia na George Mason University, estudou esse tema por mais de uma década e atestou que a gratidão pode mesmo desencadear um ciclo de generosidade, que aumenta a felicidade e reduz a ansiedade e a depressão.

Por outro lado, ela também é capaz de reduzir o pensamento crítico.[100] O exercício de encontrar um motivo pelo qual ser grato em toda e qualquer situação da vida pode ter o efeito inverso e inibir, por exemplo, que pessoas em situação de violência e/ou de vulnerabilidade social se defendam ou busquem ajuda. Além disso, quando emoções e fatos positivos são estabelecidos como prioridade, deixa-se de desenvolver a resiliência e de compreender situações e lições importantes para a evolução de cada indivíduo.

É por isso que Csikszentmihalyi defende que o prazer no trabalho ou o sabor da vida podem ser alcançados por meio do estado de *flow*, isto é, quando "as pessoas estão tão envolvidas em uma atividade que nada mais lhes parece interessar".[101] Isso acontece quando você entra em um estado de atenção plena, no aqui e agora, resistindo às tentações e a todos os sabotadores e dissabores, dando o seu melhor, por um objetivo importante para você. Como ensinou Qui-Gon Jinn a Obi-Wan Kenobi, em *Episódio I: A Ameaça Fantasma*: "Lembre-se, concentre-se no momento. Sinta, não pense, use os seus instintos."

Nem sempre a experiência é prazerosa — o processo pode ser dramático, exigindo muito do indivíduo. É assim com um pianista, que passa a maior parte do seu dia ensaiando, levando seus tendões à exaustão, a ponto de ter que colocá-los em um balde de gelo para relaxá-los. Faço aqui um parêntese para recordar a história do maestro João Carlos Martins, que, após 24 cirurgias, continua em tratamento, na esperança de voltar a tocar.

Pouca gente sabe que, aos 26 anos, ele era um dos pianistas mais prestigiados do mundo, grande intérprete de Johann Sebastian Bach. Sua vida sofreu, então, um *plot twist*, ao romper um nervo do braço durante uma partida de futebol no Central Park, em Nova York. Mesmo machucado, ele continuou a tocar. "Todos os concertos que fazia deixavam sangue nas teclas dos pianos, mas eu insistia. Foi quando um dia li uma crítica negativa no *New York Times* e aí pensei: 'Está na hora de parar, não dá mais'", revelou em entrevista à revista *Época Negócios*.[102]

Eu brinco que nada representa melhor a vida do que um eletrocardiograma, e a história de João Carlos Martins é a prova disso. Ele chegou a desistir da música, vendeu todos os pianos que tinha e só mudou de ideia ao ver a garra do boxeador Eder Jofre, que, aos 37 anos, voltou a conquistar um título mundial (o primeiro fora obtido aos 24). Isso aconteceu em 1973. A coragem de um inspirou o outro a não desistir do seu sonho, e João voltou a lotar o Carnegie Hall, um dos templos da música. Foi aplaudido de pé. Final feliz?

Não. O homem que o Brasil conhece hoje, capaz de pôr uma orquestra para tocar com uma escola de samba, sofreu uma lesão cerebral após um assalto.

Foi o início de mais uma derrocada. Sua capacidade motora foi diminuindo gradualmente, até que os médicos não lhe deram outra alternativa a não ser cortar um nervo. Daí ele desistiu, certo? Errado!

João virou o pianista de uma mão só. Chegou até a fazer uma turnê pela Europa e Ásia. Veio, então, um tumor e, com ele, o diagnóstico de que não poderia mais tocar piano profissionalmente. A vida de muitas pessoas teria acabado ali, mas João incorpora a resiliência estoica e a tensão criativa como ninguém.

Ele passou a estudar regência e enxergou que a música não era só o seu *flow*, mas um gatilho de transformação social. Criou uma orquestra jovem, formada por garotos da periferia e até da antiga Febem.[103] O sonho de tocar não morreu — pelo contrário, mantém-se vivo tanto pelas possibilidades abertas pela transformação digital, ainda em curso, quanto pela curiosidade, empatia e capacidade de seres humanos como o designer industrial Ubiratan Bizarro Costa, que projetou uma luva biônica depois de se emocionar com a história do maestro. "A última vez que coloquei dez dedos em um teclado foi em 1998, em Londres. Já fiz 24 operações e sobraram dois polegares; os outros dedos, se descem para a tecla, não voltam", explicou João, em fevereiro de 2020, no programa *Altas Horas*, da TV Globo, após testar as luvas de Costa. "Quando coloquei os dez dedos no piano, escorreu uma lágrima. Mudou a minha vida. Estou estudando três horas de piano por dia."[104]

Tanto o maestro quanto o designer industrial são exemplos do que o *flow* é capaz de fazer. Já parou para pensar por que a bailarina flutua pelo palco, mesmo com o pé em carne viva pelo uso da sapatilha de ponta? Ela sabe que a dor não é maior que a sua paixão e o seu objetivo. Sabe que as dificuldades afiam a sua habilidade e a fazem não melhor que os outros, mas a melhor versão de si mesma.

O *flow* não acontece somente com gênios ou com artistas. É um estado de espírito, como diz Csikszentmihalyi, ou um ímpeto intrínseco a todo e qualquer ser humano, independentemente de origem, raça, sexo, cor, idade, profissão e renda. Eu mesmo sinto isso no meu trabalho. A criação de treinamentos customizados, voltados às necessidades do cliente, é sofrida. Encontrar a ideia e o formato para trabalhar um comportamento capaz de resolver um problema específico é, muitas vezes, desgastante. Consome minhas energias durante uma ou duas semanas, sem garantia alguma de que vá funcionar.

É por isso que eu digo que o *flow* é mais do que um impulso — trata-se de uma força de resistência capaz de nos fazer esquecer tudo, em nome do movimento e da criação, ainda que o resultado seja um fracasso. E isso pode acontecer com qualquer um — até com *sir* Paul McCartney, que não teve sucesso com o single e com o álbum *Hope for the Future*, lançados em 2014. "Era algo que eu achei que iria bem. Mas não foi", reconheceu à *Rolling Stone*.[105] O mercado fonográfico nunca foi tão imprevisível e instável, capaz de surpreender, negativamente, até um Beatle. Ninguém consegue prever e reter o sucesso. Ninguém. "Eu desisti de tentar descobrir [o que constitui um *hit*]. É impossível", revelou à revista. "Vou lançar meu próximo álbum, mas acho que não vou vender muito. Estou lançando porque tenho músicas de que gosto. E farei o meu melhor trabalho."[106]

Quem conhece a biografia de Steve Jobs sabe que a sua demissão da Apple em 1985 foi o primeiro de seus fracassos. Ele confessou a Walter Isaacson, autor de sua biografia, que reconheceu o seu principal erro nessa ocasião — a motivação não era mais o produto, carro-chefe de uma empresa duradoura, mas o dinheiro. "É uma diferença sutil, mas acaba significando tudo — as pessoas que você contrata, quem você promove, o que você discute nas reuniões", explicou.[107]

O lendário fundador da Apple foi capaz de, desde o início, focar no que lhe dava prazer e insistir nisso para projetar suas ideias e realizar os seus sonhos. Essa era a sua obsessão. Um dos segredos de liderança de Jobs era justamente a capacidade de fazer com que os outros, ainda que das formas mais esdrúxulas, também entrassem em *flow* para realizar o impossível.

Essa mesma vontade de se entregar a uma tarefa e de dar o seu melhor eu vejo claramente em muitas organizações — não só na alta gestão, mas também em profissionais que exercem uma liderança informal. Absortos em seus mundos, vivendo toda a contrariedade e drama de sua vocação, propósito ou paixão, eles se tornam peças-chave na decodificação da hipermodernidade e no desenho de soluções capazes de fazer frente aos imprevistos e desafios mais complexos.

STAY HUNGRY,
STAY FOOLISH.

@lucasfrancofreire

> **PEGA ESTA!**
>
> Talvez você tenha percebido uma semelhança entre o *flow* e o bliss, cunhado pelo mitologista Joseph Campbell, famoso autor de *A jornada do herói*. Para ele, essa palavra também é um estado de consciência de felicidade ou êxtase, inspirada na expressão em sânscrito Sat Chit Ananda.
>
> Em *O poder do mito*,[108] Campbell e Bill Moyers explicam melhor esse conceito, praticamente uma filosofia de vida. "Se você seguir seu bliss, estará se colocando em uma espécie de trilha que já estava ali o tempo todo, esperando por você, e isso fará com que a vida que você gostaria de estar vivendo torne-se realidade.
>
> Não importa onde você esteja — se persistir seguindo seu bliss, sentirá esse júbilo, essa vida dentro de si mesmo, todo o tempo."

O *flow* acontece através do que Csikszentmihalyi chama de *experiências ótimas*. Ele explica:

> "O estado ideal da experiência interior é aquele em que há ordem na consciência. Isso acontece quando a energia psíquica — ou atenção — é investida em objetivos realistas, e quando as habilidades correspondem às oportunidades de ação. A busca de um objetivo traz ordem à consciência, porque a pessoa deve concentrar a atenção na tarefa em questão e momentaneamente esquecer tudo o mais. Esses períodos de luta para superar desafios são o que as pessoas consideram os momentos mais agradáveis de suas vidas."[109]

Segundo as conclusões do acadêmico, existe uma fórmula para a experiência ótima, que nasce da seguinte equação:

OBJETIVO + SKILLS + TENSÃO CRIATIVA + RESILIÊNCIA ESTOICA = FLOW

Perceba que cada elemento dessa fórmula depende de um estado de consciência único, bem como da interpretação, de cada um, da sua realidade, das suas aptidões e do que realmente importa para a sua carreira ou para sua vida. Os pesos dessas variáveis são, portanto, mutáveis e intransferíveis.

No entanto, os estudos de Csikszentmihalyi apontam que é possível (re)criar as experiências ótimas. Há quatro formas de entrar em estado de *flow*:

- **Desenvolver habilidades:** Aperfeiçoar habilidades e aprender novas competências pode ser desafiador, mas também contribui para a ampliação da consciência e da mentalidade de desenvolvimento contínuo, da autoestima, da resiliência e da sensação de bem-estar e prazer. É isso que me fez um apaixonado pela sala de aula. O convite para lecionar me tirou da zona de conforto, me obrigou a abandonar qualquer passividade e a resistir aos sabotadores externos para fazer com que aqueles jovens aprendessem o conteúdo. Isso só foi possível a partir de técnicas de aprendizagem que até hoje me levam, a cada desafio, a me reinventar diante de uma plateia.

- **Definir objetivos:** Quanto mais claro estiver o motivo pelo qual você faz o que faz, melhor. Csikszentmihalyi nem chega a falar em propósito, mas em *goal*, meta. No meu caso, por exemplo, seja na sala de aula ou na sala de reunião, meu foco sempre foi o de engajar os futuros talentos do país ou a liderança das organizações, para gerar reflexão e mudança de comportamento. Ao ativar o sistema de recompensa do nosso cérebro, a experiência nos faz persistir dentro daquela ação, ajuda a exercitar os músculos da resiliência, para chegar ao final e pôr a mão na taça.

- **Dar feedbacks:** No mundo corporativo, a cultura do feedback se mostra um pouco tóxica, por ser associada a retorno financeiro ou promoção. Políticas pouco claras, assim como ambientes nada transparentes, tendem a fazer desse um momento tenso, em que as pessoas se sentem julgadas, reduzindo as chances de desenvolvimento pessoal legítimo. Em vez de funcionar como uma motivação, que ajuda a desbloquear o potencial e a evoluir, torna-se mais um desencorajador.

- **Autonomia:** Essa regra é totalmente impulsionada pelas anteriores. Um indivíduo disposto a desenvolver uma habilidade, em nome de um objetivo, usa o feedback como alimento para controlar seu comportamento e alinhar suas atitudes, moldando suas ações e reações, mesmo diante de adversidades. Torna-se, então, o protagonista da sua história: capaz de tomar decisões, de se movimentar e de evoluir. Csikszentmihalyi explica:

> "Em nossos estudos, descobrimos que toda atividade de *flow*, envolvendo competição, acaso ou qualquer outra dimensão da experiência, tinha isto em comum: fornecia um senso de descoberta, um sentimento criativo de transportar a pessoa para uma nova realidade. Levou a pessoa a níveis mais altos de desempenho e a estados de consciência inimagináveis. Em suma, transformou a pessoa, tornando-a mais complexa. Nesse seu crescimento está a chave para o fluxo de atividades."[110]

VOCÊ JÁ VIU?

O Homem que Viu o Infinito, filme dirigido por Matt Brown, conta a história do indiano Srinivasa Ramanujan, que, com uma inteligência fora de série, resolvia com facilidade e puro instinto os mais cabeludos teoremas. Ele era capaz de criar e aplicar fórmulas em questão de minutos. Seu talento atraiu a atenção de um professor da Trinity College, em Cambridge, na Inglaterra, que o convidou a frequentar as aulas e a demonstrar seu conhecimento.

É claro que, naquele novo ambiente, fora de sua zona de conforto, ele comeu o pão que o diabo amassou. Sofreu preconceito não só pela sua origem, mas também pela descrença na sua habilidade.

Diante de um problema matemático, o indiano entrava em *flow*, esquecendo-se do mundo e de todas as dificuldades, entregando-se ao momento e ao desafio, colhendo, apesar de tudo, muita realização.

Para tornar mais claro o seu conceito de "experiência ótima", Csikszentmihalyi criou o seguinte gráfico:

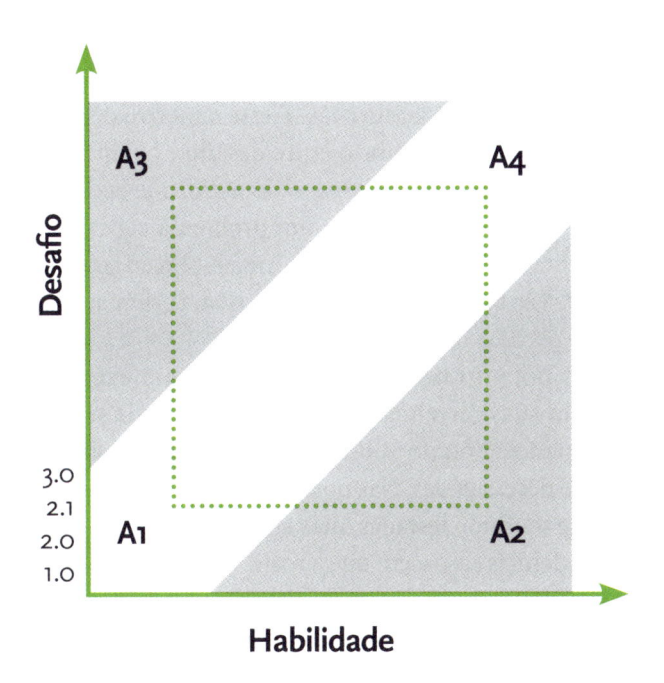

A melhor representação da experiência ótima[111]

As pessoas que se encontram nas posições A1 e a A4 estão em estado de *flow*, sendo que a primeira exercita pouco a sua habilidade, enquanto a última vê o problema, provavelmente mais complexo, como uma experiência mais desafiadora. O que elas têm em comum? Ainda que com intensidades diferentes, elas precisam se movimentar, empregar seus neurônios, promover sinapses, para executar a tarefa escolhida.

Não é isso, porém, o que acontece com a pessoa que se encontra na posição A3, que sente um desequilíbrio muito forte entre o problema e a sua capacidade de resolução. Provavelmente, ela se sente sobrecarregada e pressionada, fazendo da experiência não uma fonte de prazer, mas de ansiedade. Não há recompensa nessa sua jornada — e me refiro aqui não só a completar a tarefa, mas também a aprender nessa jornada. Em vez de experimentar o *flow*, é bem capaz que a pessoa fique traumatizada e até adoeça.

Repare que esse é um retrato muito fidedigno das escolas e organizações da nossa era, que não padronizam a aprendizagem e estipulam as mesmas regras e metas para pessoas com personalidades diferentes. Costumo usar a analogia do passarinho. A mãe que joga o filhote do ninho, certa de que, em algum momento, na queda livre, ele vai bater asas e aprender a voar, corre o enorme risco de vê-lo se estatelar no chão. É esse o motivo de Csikszentmihalyi enfatizar a importância do equilíbrio entre desafio e habilidade.

A posição A2 aponta um outro risco: o do tédio, que ocorre naturalmente com pessoas que não têm diante de si um problema capaz de desafiar suas habilidades. Quantas vezes você executou uma tarefa coçando as costas e até debochou dela, de tão fácil que era? Pois experiência sem um estímulo e sem um contratempo perde o brilho.

O que ocorre hoje no mundo, povoado por um exército de pessoas desmotivadas com suas carreiras e rotinas, não deixa de ser reflexo da falta de desafios adequados e/ou do subdesenvolvimento de habilidades para as novas demandas e necessidades. Nas posições A1 e A4, o *flow* acontece porque as pessoas estão se sentindo testadas, mas têm a situação sob controle. Não é o que acontece nos demais casos, em que a realização dá lugar ou à preocupação desmedida, ou à apatia.

Você já deve imaginar que, ao estabelecer o *flow* como um pilar fundamental do **Playfulness**, eu faço a você o convite para se movimentar e encontrar o seu lugar, tanto na vida quanto no trabalho, seja na posição A1, seja na A4. Talvez você já tenha experimentado isso na quarentena imposta pela pandemia da Covid-19.

Muitas pessoas, diante dessa situação atípica, que implicou mudanças na forma de viver e de trabalhar, não souberam como se adaptar à nova realidade. Perderam autonomia e deixaram que decisões fossem tomadas por elas, ou se sentiram incapazes de protagonizar decisões de vida, e, com o passar dos dias, entraram em desespero total.

Quem são o A1 e o A4 na pandemia? Aqueles que redesenharam a rotina dentro de casa, para melhorar a convivência com pais, filhos, cachorro e papagaio, diante do confinamento? Ou aqueles que, tendo ou não acesso a outros recursos, resistiram às dificuldades e à inércia e usaram a tensão criativa para reinventar o seu negócio ou a sua profissão? Cabe aqui destacar as grandes companhias, que rapidamente redistribuíram seu pessoal e sua produção para ajudar as comunidades, hospitais e cidades a superar os desafios, além dos pequenos comerciantes, que lançaram mão de venda por WhatsApp ou plataformas virtuais, de modo a movimentar seu caixa. Muitos profissionais aproveitaram a temporada de lives e de cursos gratuitos para aperfeiçoar seus conhecimentos, suas habilidades e sua visão de mundo, pelo simples entendimento de que a crise imposta por esse vírus não seria meramente passageira.

Ainda que ninguém possa ter certeza de nada quanto ao futuro próximo, o fato é que a ordem do mundo não será mais a mesma. Ninguém ficou incólume — nem as empresas de tecnologia, convocadas a socorrer organizações e governos. De alguma forma, elas tiveram que mexer em suas estratégias — não só para preservar seu capital humano, que não pode parar, mas também para adaptar o seu negócio ao novo cenário. Diante da necessidade urgente de migrar a venda para a internet, a curitibana Olist, desenvolvedora de ferramentas de e-commerce, abriu mão de cobranças de taxas de instalação e manutenção de seu serviço. A procura e a receita dispararam, e Tiago Dalvi, seu fundador e presidente sabe que essa foi somente a primeira de muitas mudanças, mesmo em um negócio que parece ter pela frente um oceano azul. "A gente cobrava a instalação e a manutenção como uma forma de ter engajamento do vendedor. Mas com essa mudança vimos que o engajamento e o desempenho são muito parecidos e podemos pensar em retirar essa barreira de entrada e criar outras formas de rentabilizar o cliente depois que ele estiver com a gente", explicou ao *Valor Econômico*.[112]

Talvez você tenha a sensação de que o mercado de trabalho ou mesmo a vida virou um jogo. Tudo deve ser observado de uma certa distância, como se os desdobramentos ocorressem em uma tela de computador, bem diante dos seus olhos. Para chegar ao final, você precisa usar suas habilidades, ficar atento à sua pontuação ou ao feedback dos seus parceiros para prosperar na sua jornada. Qualquer semelhança não é mera coincidência.

Csikszentmihalyi resgata em sua obra o sociólogo Roger Caillois, que também faz essa analogia da vida como um jogo. Ele evoca a divindade grega Agon para exaltar o espírito de competição presente em qualquer dimensão ou atividade da vida. Note que a palavra não ganha uma conotação negativa, de olho por olho. É um gatilho para o *flow*, um convite ao desafio, a exercer sua resiliência, a exercitar sua habilidade e a se tornar o protagonista. O segundo elemento é *alea*, palavra do latim, que remete à sorte, a risco, à aleatoriedade. É a vida como ela é, desdobrando-se como quer, apesar de todos os nossos esforços para controlá-la. Como no game, os desafios só são conhecidos à medida que avançamos no jogo e passamos de fase.

Para Callois, há ainda um estilo de jogo chamado Ilinix, ou Vertigo, voltado à alteração da percepção e da consciência. Esse estilo pode ser exemplificado por brincadeiras e jogos que nos fazem perder a noção da realidade, como giros rápidos do corpo, mudanças bruscas de direção que causam tonturas, vertigens e mudanças de consciência e comportamento. Parece que esse foi o efeito da pandemia em muitas pessoas, que passaram a ver a vida ou o seu negócio a partir de uma outra perspectiva. O caos, o conflito e o contraste tendem a gerar essa mudança de olhar. Finalmente, há o mimetismo, em que se adota um universo fictício e se assume uma nova personalidade. É o que acontece com atividades culturais, como a dança ou o teatro. "Usando esse esquema, é possível dizer que os games oferecem oportunidades de ir além das fronteiras das experiências comuns de quatro formas diferentes", ressalta o criador da teoria do *flow*.[113]

PEGA ESTA!

Se você está com a sensação de que o *flow* é um superpoder capaz de mudar a sua realidade, você está certo. Saiba que algumas pessoas não precisam de estímulos para entrar nesse estado.

É o caso das personalidades autotélicas, que, segundo Csikszentmihalyi, atingem um nível de concentração muito alto e, consequentemente, de prazer. Há ainda pessoas no polo oposto, com sérias dificuldades, ou até incapazes, de experimentar o *flow* por causa da anedonia,[114] doença que provoca a falta de prazer e é experimentada por esquizofrênicos ou por quem tem um quadro sério de depressão. Pode, porém, ser tratada com ajuda especializada.

E o restante? Csikszentmihalyi não tem dúvidas de que é possível, ainda que não seja fácil, transformar "experiências comuns em *flow*", ao exercitar essa habilidade ou poder intrínseco.

Quem já participou de um treinamento meu sabe que, embora eu trabalhe forte essas quatro frentes nos meus cursos, o mimetismo acaba sempre se sobressaindo em um primeiro momento, já que personifico um personagem em sala. Minhas intervenções pedagógicas são baseadas em quatro tipos de experiências ótimas (competição, aleatoriedade, percepção e fantasia) de forma que os participantes também entrem em *flow*, se esqueçam do tempo e dos problemas e se concentrem no desenvolvimento ou aperfeiçoamento das suas habilidades, ou em qualquer que seja o objetivo do curso.

Um bom exemplo disso é o Tempero da Equipe, treinamento que criei junto com a chef de cozinha Flávia Rivera, a partir de um cruzamento de características de personalidade (temperamentos) com temperos. Será que você é uma pessoa alecrim ou cebola? Já parou para pensar nisso?

Nesse desafio culinário, os participantes têm duas horas para criar receitas e materializar a entrada, o prato principal e a sobremesa. Assim, o grupo é convidado:

- A revisitar suas memórias afetivas;
- A reconhecer seu temperamento e suas competências;
- A trabalhar em equipe;
- A considerar todas as variáveis, das financeiras às de qualidade e combinação dos alimentos;
- A exercitar a criatividade e, claro, a resiliência;
- A praticar, até na cozinha, um modelo de gestão *lean,* isto é, ágil e com desperdício zero.

Nesse exemplo, o Agon se faz presente não só pela competição entre os grupos, mas também pelo desafio de cozinhar em duas horas. A *alea*, ou a ilusão de controlar o futuro, está na construção das receitas. Quem cozinha, ou pelo menos assiste ao *MasterChef* ou ao *Mestre do Sabor*, sabe que cozinhar não é uma operação matemática. A percepção de consciência, ou Ilinix, está nos temperos — tanto das personalidades quanto da vida. Por fim, o mimetismo é representado pelo evento em si, com todos os participantes e o facilitador vestidos de chefs de cozinha.

No TED 2010, a designer de jogos Jane McGonigal reforça que os games são essenciais para a preservação da espécie humana, justamente pela sua capacidade de superação, movida pela vontade de mudar o mundo — em um primeiro momento, virtual, mas quem disse que isso não pode ser aplicado à realidade? "Temos todo esse maravilhoso superpoder, produtividade prazerosa, a habilidade de tecer uma rede social estreita, o sentimento de otimismo urgente e o desejo de um significado épico", explica.[115]

É por isso que o *flow* é tão importante para o **Playfulness**. Ele permite construir experiências que darão mais leveza e domínio sobre o seu trabalho ou sobre a sua vida, eliminando o sofrimento tão visível dentro das organizações e das comunidades. Em *Construindo um negócio melhor com a utilização do método Lego® Serious Play®*, Kristiansen e Rasmussen citam o jornalista Daniel H. Pink, autor de *Motivação 3.0 — Drive*, ao recordar que o segredo da alta performance e da satisfação, em qualquer ambiente, seja no trabalho, seja na escola ou em casa, advém "da profunda necessidade humana de direcionar nossas próprias vidas, de aprender e criar coisas novas e de fazer melhor para nós mesmos e para o mundo".[116] De acordo com os autores, essa visão faz eco com os estudos do economista comportamental Dan Ariely, que reforça que nós, seres humanos, "somos parcialmente motivados pelo dinheiro, mas, quando todo o resto é igual, preferimos desenvolver um trabalho significativo".[117]

Assim como outros games e dinâmicas, o Lego® Serious Play® tira proveito dessa condição humana para ativar o *flow* e desbloquear a criatividade e a felicidade.

> "Ele [o método] sempre toma como ponto de partida uma pessoa de maneira individual, e o que é significativo para ela. É o significado do construtor no modelo e o significado do construtor na história. Nesse processo, o construtor direciona sua 'vida' no workshop, cria o seu próprio novo aprendizado e, por fim, vê os frutos do seu trabalho."[118]

É por isso que, em cada treinamento, após entrar em *flow* para desenhar as dinâmicas, ou mesmo através das páginas deste livro, eu me torno um humilde facilitador. Tento atrair a sua atenção para um novo mundo, convidando-o a mergulhar em uma aventura, na qual eu possa acompanhá-lo somente até certo ponto. Dali em diante, como me disse Obi-Wan Kenobi, quer dizer, a Luke, em *Episódio IV: Uma nova esperança*: "Que a força esteja sempre com você".

PLAYPRÓSITO

Vamos investigar o seu *flow*? Responda:
- Quantas vezes, no seu dia e no seu trabalho, você entra em estado de *flow*?
- Consegue identificar essas situações? Qual é o seu gatilho?
- Como pode reproduzir mais a experiência ótima?

Precisa de uma *playlist* para este momento?

ENTÃO, ABRA O SEU SPOTIFY, ACESSE **PLAYFULNESS/FLOW** OU ESCANEIE O *QR CODE* ABAIXO E APERTE O PLAY!

CAPÍTULO 6

ABRACE O SIM! DESPERTE A SUA CRIANÇA!

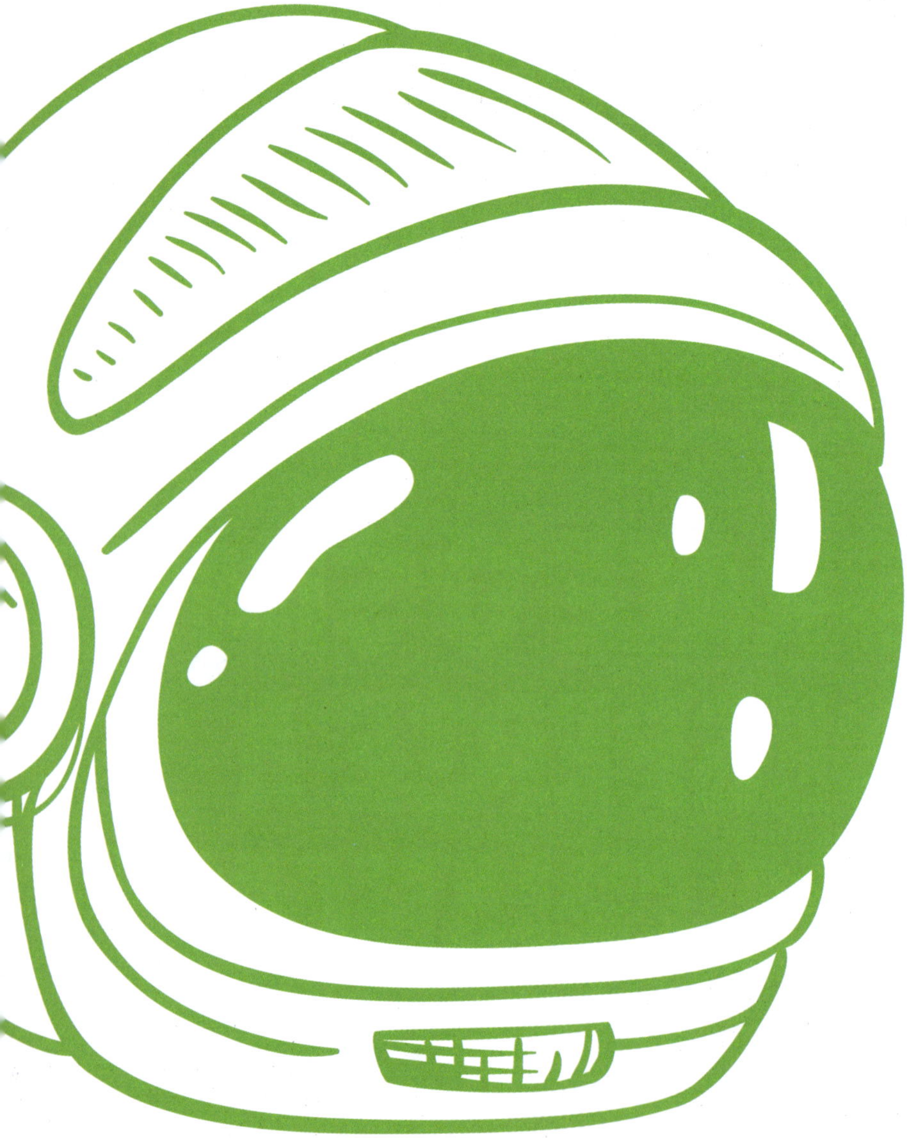

LUDICIDADE — ABRACE O SIM! DESPERTE A SUA CRIANÇA!

Vou quebrar o protocolo e começar este capítulo com uma pergunta para você, meu caro leitor: quando você parou de brincar?

Vamos! Faça uma forcinha! Sei que muita gente sofre para resgatar isso da memória. Ainda que esse não seja o seu caso, continue comigo e responda: o que é brincar para você hoje?

Fácil? Difícil? Só mais uma: qual é a conexão entre o seu passado e o seu presente?

Eu inverti a ordem e trouxe o playprósito primeiro, porque chegamos não só ao último pilar da minha metodologia, como também ao coração do **Playfulness**. Este é o momento de apertar o *play*.

Se você tem a sensação de que a sua vida ou o seu trabalho estão estagnados, aperte o *play*. Se tem a sensação de que a sua vida ou o seu trabalho estão retrocedendo, aperte o *play*. Se tem a sensação de que a sua vida ou o seu trabalho perderam a cor, aperte o *play*.

Saiba, acima de tudo, que nos dias de hoje, tão incertos e velozes, essa sensação é muito comum. É uma angústia que muitas pessoas carregam bem no centro do peito, dia após dia, sem coragem de confessar nem de enfrentar.

Confie em mim: o *play* é o caminho, é o que fará o entusiasmo pulsar novamente pelas suas veias, dando-lhe o impulso necessário para vencer com criatividade as tensões da vida, para persistir nas adversidades e para viver em *flow*.

No primeiro capítulo, mencionei que o *play* é muito mais do que brincar. A língua inglesa foi muito sagaz ao criar uma palavra que incorpora tantos significados: brincar, jogar, tocar, interpretar, fazer, divertir, divertir-se, agir. Repare que o *play* pressupõe uma presença, uma ação ativa de um indivíduo.

Já que este livro se tornou o meu "arquivo confidencial", vou confessar que assumir meu lado **Playfulness** não foi nada fácil. Sempre gostei de contar histórias e ser o centro das atenções, mas morria de medo de não ser levado a sério. Como qualquer ser humano, eu queria ser aceito e reconhecido. Já contei que cheguei a apelar para o uso de óculos e de blazer, em pleno calor da Bahia, para parecer mais "maduro". Foi uma tentativa de burlar os olhares desconfiados para o homem de barba rala e fala rápida salpicada de humor e ideias... diferentes.

Meu primeiro escritório era totalmente coxinha — todo bege, *blasé*, com algumas plantas estrategicamente distribuídas aqui e ali, além de revistas de negócios no *lobby*. *I speak the language of business, man*. Essa era a mensagem que queria passar. Era, também, a perversão do *play*, uma interpretação danosa, sem leveza alguma, de um papel que não condizia com a minha essência, mas representava o profissional bem-sucedido e admirado pela sociedade. Eita! Quem nunca?

Sabe quando comecei a relaxar? Quando alguns clientes passaram a me procurar para tornar a empresa deles mais informal. Veja só. O figurino que eu usava no início de minha carreira não enganava os mais atentos. Era só uma máscara, pesada para mim e desnecessária para eles. Com o tempo, passei a me testar e abraçar mais profundamente minha identidade pessoal, quebrando, entre outras coisas, o código corporativo tradicional de vestimenta. Alguns diretores até podiam se sentir, em um primeiro momento, incomodados, mas o que realmente fazia a diferença era a minha energia e as ideias que eu trazia para a mesa, além da reflexão ou da mudança que eu provocava nas lideranças e equipes. Lembra a história do bobo da corte que de bobo não tem nada? Então...

Só que, ainda assim, demorei mais um tempo para me sentir confiante. Posso ter desistido dos óculos, posso ter abandonado os blazers, posso ter bagunçado o escritório, mas ainda passava por certas situações... lamentáveis.

Certa vez, fui convidado a ministrar uma palestra em um evento importante. Chegando lá, o organizador me apresentou a outro profissional, exatamente como eu, só que com uma abordagem diferente, da seguinte maneira: "Lucas, esse é o fulano, x.p.t.o. da empresa tal. Ele manda bala

SE PARAR PARA PENSAR, VOCÊ **RECONHECERÁ** QUE, MESMO UMA **SIMPLES BRINCADEIRA**, É UM ATO DE **CORAGEM** – AFINAL, PRESSUPÕE LANÇAR-SE NO **DESCONHECIDO**, **DESAFIAR-SE**, GERAR **ALGO NOVO** E **APRIMORAR-SE**. NA VIDA ADULTA, ESSA POSTURA **NÃO É TÃO FÁCIL DE ASSUMIR**. SEI BEM DISSO.

na liderança assim, assim e assado. Fulano, esse é o Lucas, praticamente o animador da festa".

Eu gelei. É verdade que eu incorporava personagens, tirava algumas sacadas da cartola, fazia a audiência rir, mas esses sempre foram somente artifícios para driblar os anticorpos organizacionais e derrubar as muralhas cerebrais construídas para evitar o desconhecido, para rechaçar novidades e para minar qualquer processo ou atividade de mudança. O propósito não era, nunca foi, simplesmente o de animar a festa, mas provocar uma revolução silenciosa, por meio de uma estratégia diferente, que não usa gritos de guerra, que não repete exaustivamente mantras, que não impõe regras, que respeita a identidade de cada um e os convida a fazer o seu melhor e a se divertir.

Eu nem podia culpar o "organizador da festa", porque esse desalinho também acontecia dentro da minha própria empresa. Em dia de visita de cliente na minha empresa, a People2People RH, sabe como é, o escritório fica um brinco, todo arrumado. Em um desses dias, o time inteiro estava avisado, bem-vestido e comportado, pronto para causar "boa impressão". Minha então sócia, que gerenciava o braço de recrutamento e seleção, fez as honras da casa. Da minha sala, eu escutava as palavras soltas no ar, os passos pelo corredor, a proximidade do momento de me apresentar. Levantei-me, desamassei a camisa e me preparei para apresentá-los ao meu mundo… mas nada! As vozes e os passos começaram a se afastar da minha sala. Nenhuma vivalma apareceu na minha porta. Só o silêncio, bendito silêncio.

O que aconteceu?

Minha sócia resolveu, conscientemente, fazer um desvio para não mostrar aos clientes uma sala considerada pouco convencional — para não dizer pouco profissional — para os padrões corporativos vigentes. Ora, o meu espaço refletia a minha personalidade e os meus gostos, além de expor os materiais que eu gostava de usar nos treinamentos. Tinha cor, bonecos, livros, jogos, tudo que o *Homo Faber* considera infantil, na pior concepção da palavra.

PEGA ESTA!

O Google é mais do que simplesmente o principal oráculo dos nossos dias, aquele capaz de responder a todas as perguntas e dúvidas da humanidade. Ele foi um dos precursores de um ambiente de trabalho inovador, com escorregadores, aquário, redes, sala de jogos e de chill-out e postes iguais aos de quartéis de bombeiro, conectando um andar ao outro. Nem vou falar de comida e bebida à vontade. Os caras causaram ao pôr em prática uma infraestrutura que não era novidade para ninguém. A produtividade, afinal, é impactada por uma série de condições. Elton Mayo, lá no fim da década de 1920, já tinha atestado, por exemplo, a influência da luz na performance dos trabalhadores das fábricas.

O convite do Google era claro: os funcionários deviam brincar, relaxar, também no trabalho. Os escritórios tornaram-se fonte de inspiração para profissionais e empresas interessados em abrir as portas da inovação. Organizações do mundo todo, inclusive do Brasil, investiram milhões para criar sedes à imagem e semelhança da arquitetura proposta por Sergey Brin e Larry Page. Em vez de disrupção, muitos encontraram frustração.

Tanto os profissionais quanto as companhias descobriram que o tesouro do Google não estava escondido no fim do arco-íris, ou do escorregador, mas em uma cultura que promove a liberdade, a criatividade e a diversão. Como diria a velha máxima dos brothers: não sabe brincar, não desce pro play.

Nada do que me aconteceu era uma novidade para mim. Nossa sociedade tende a descartar o jogo, a brincadeira, o *play* para adultos. Já aviso: vou usar muito a palavra em inglês neste capítulo, alternando com alguns de seus significados, para não restringir sua percepção sobre ela. Quem sabe você não tem ou não encontra a sua própria definição?

Quando se trata do adulto, o brincar é percebido como improdutivo, mesquinho ou até um prazer culposo. Em algum momento da história da humanidade, um décimo primeiro mandamento foi escrito e decretado: "Não brincarás na vida adulta".

Não sei quando isso aconteceu — provavelmente, perdi ou cabulei essa aula, por isso continuei sendo quem sou, com todos os bônus e ônus. Cansei, porém, de escutar piadinhas ou de ser questionado quando é que passaria a levar a vida a sério.

Quem nunca ouviu de um adulto que é preciso aproveitar a infância porque os dias de diversão estão contados? "A vida adulta não é assim, não", repetem, "é responsabilidade e obrigação." Ou ainda "cresça e apareça", "hora de separar os adultos dos meninos", " chegou a hora de ser sério" etc.

Quem nunca escutou que, para crescer na vida, é preciso deixar a brincadeira de lado e trabalhar com afinco? Sem perceber, isso é martelado na cabeça da criança, fazendo-a perpetuar a ideia, até se tornar adulta, de que trabalhar é uma punição. Sofrência pura.

Um dos motivos de nunca ter abandonado o *play*, e de sempre ser acusado de ter uma síndrome de Peter Pan, é que minha curiosidade nunca foi tolhida. Alô, Faustão! Pode entrevistar minha mãe e meus irmãos, eles dirão que, em casa, sempre tive liberdade para repetir exaustivamente uma pergunta: por quê?

Essa perguntinha, tão curta e simples, provoca um *bug* em muitas pessoas — especialmente adultos pais ou professores, que entendem essa curiosidade como aporrinhação ou deselegância. Só que é assim que as crianças exploram o mundo, conjecturam hipóteses, afinam o pensamento crítico, conferem possibilidades e criam oportunidades.

Você já deve ter ouvido falar do famoso TED de *sir* Ken Robinson, que acusa as escolas de matar a criatividade, ao impor decorebas e, o que é pior, discriminar o que é certo e o que é errado, relegando a este último o peso brutal da vergonha e do fracasso. Um dos mais respeitados especialistas em criatividade e educação da atualidade, ele explica:

> "O que essas histórias têm em comum é que as crianças correm riscos. Se elas não sabem, elas chutam. Estou certo? Elas não têm medo de errar. Não estou dizendo que estar errado é o mesmo que ser criativo. O que sabemos é que se você não estiver preparado para errar, você nunca terá uma ideia original. E quando chega à fase adulta, a maioria das crianças perdeu essa capacidade. Elas têm pavor de estar erradas. E as empresas são administradas assim, por sinal. Nós estigmatizamos os erros. E hoje administramos os sistemas educacionais de um jeito em que errar é a pior coisa que pode acontecer. O resultado disso é que estamos educando as pessoas a serem menos criativas. Picasso disse uma vez que todas as crianças nascem artistas. O problema é permanecermos artista enquanto crescemos."[119]

Para ele, os atuais modelos pedagógicos não aumentam a nossa criatividade — pelo contrário, a reduzem. "Ou melhor, somos educados a abandoná-la", reforça.[120]

Será mesmo que, em meio às responsabilidades pessoais e profissionais, não há tempo para brincar na vida adulta? Você tem certeza disso?

> **VOCÊ JÁ VIU?**
>
> Os anos 1980 foram uma influência muito grande na minha vida. Algumas referências dessa época ainda são muito fortes para mim. *Curtindo a Vida Adoidado* é uma delas.
>
> Esse clássico dirigido por John Hughes, que passou zilhões de vezes na Sessão da Tarde, traz dois personagens muito interessantes para essa nossa discussão. Cameron é um jovem que carrega o mundo nas costas, que se tornou "adulto" antes do previsto, para cumprir as expectativas do pai e da sociedade. Tem como melhor amigo um cara com a personalidade completamente diferente. Os politicamente corretos diriam que Ferris leva a vida na brincadeira e, ainda por cima, é trapaceiro. Pode até ser, mas ele dá uma aula de como o *play* pode injetar leveza à rotina, desbloquear a criatividade e tornar a vida mais divertida. Alerto: é impossível assistir a esse filme e não querer ter um dia com Ferris Bueller. *Save Ferris*!

Logo no início do seu livro *Why normal isn't healthy*,[121] traduzido no Brasil como *Ser normal não é saudável*, o médico Bowen F. White reproduz o diálogo com um paciente que se sente deprimido, mas se recusa a mudar seu comportamento por medo de passar como tolo, por acreditar que as pessoas possam vê-lo como anormal. Repare: essa palavra, anormal, é um sinônimo para diferente.

A conversa evolui assim:
Médico: Você é normal?
Paciente: Sim.
Médico: Então por que você veio me ver?
Paciente: Eu queria uma segunda opinião. O Sr. acha que eu sou normal, Dr.?
Médico: Sim, mas...
Paciente: Mas o quê?
Médico: O normal não é saudável.[122]

Não é uma brincadeira, embora pareça. Bowen, que adotou uma abordagem holística para a prática da medicina, assumiu a definição do antropólogo Ashley Montague para a palavra saudável. Anote aí: "capacidade de trabalhar, amar, brincar e pensar profundamente".[123]

Responda rápido, sem pensar muito: segundo essa definição, de 0 a 10, quão saudável você está?

POR QUÊ?
POR QUÊ?
POR QUÊ?

@lucasfrancofreire

O ponto é que, à medida que vamos crescendo, deixamos o *play* de lado e escondemos a nossa personalidade, nossa real identidade, para entrar no jogo dos grandes, dos adultos. No início, é só entusiasmo. Muitas crianças, adolescentes e jovens adultos não veem a hora de ter poder de decisão e desbravar o mundo ao seu modo. As pequenas e grandes conquistas sustentam, durante um tempo, a animação, e aí reside a pegadinha, porque não nos damos conta do caminho pernicioso que tomamos. Tudo parece... normal. Esbarramos e nos conformamos com o "é assim que funciona".

> "Meu rosto ficou pálido com os estudos, e o confinamento me transformou numa pessoa raquítica. Por vezes, à beira da certeza, eu falhava; contudo, ainda me agarrava à esperança de que, na próxima hora ou no próximo dia, poderia conseguir. Um segredo que só eu possuía era a esperança a que eu me dedicava. A lua vigiava meu trabalho noturno, enquanto eu, sem fôlego e com uma ansiedade incontida, perseguia a natureza em seus esconderijos."[124]

Assim Victor Frankenstein descreveu a jornada de trabalho que se impôs para criar um projeto ambicioso que lhe custou a própria vida. A cena escrita por Mary Shelley na primeira metade do século XIX não é muito diferente do que se vê nas salas de reunião das empresas ou nos consultórios de psicanalistas, psicólogos e terapeutas das mais diferentes origens. Milhares de pessoas no mundo todo buscam hoje uma forma de anestesiar a dor e o vazio de uma vida acelerada demais. Tenta-se de tudo: técnicas holísticas, anabolizantes e as mais diferentes drogas lícitas e ilícitas.

Para o psicanalista Christian Dunker, o mundo do trabalho especializou-se em gerar sofrimento. Os gestores tornaram-se capatazes. Em nome da competição dentro e fora das organizações, eles elevam as exigências ao limite, certos de que essa é a única forma de aumentar a produtividade, de fazer mais e melhor. O resultado, hoje já sabemos, é bem diferente: muitos funcionários quebram diante dessa pressão. Tornam-se Frankensteins.

White lista, em seu livro, dez razões pelas quais ser normal não é saudável:
10. Somos previsíveis, e as pessoas usam a nossa previsibilidade para nos manipular.
09. Usamos a previsibilidade de outras pessoas para manipulá-las.
08. Não podemos suportar pessoas manipuladoras.
07. Portanto, não gostamos de nós mesmos.
06. Declaramos orgulhosamente que somos o nosso pior inimigo.

05. Tentamos fazer as coisas bem/perfeitamente, para que, pelo menos, outra pessoa goste de nós.
04. Para sermos perfeitos, temos que estar constantemente vigilantes.
03. Bem protegidos, estamos na defensiva.
02. Não podemos suportar pessoas na defensiva.
01. Não gostamos de nossa própria presença e companhia, e isso se reflete na maneira pouco saudável de tratar a nós mesmos e aos outros.[125]

Pode parecer cruel demais, mas não é. A grande contradição da vida é que, na busca por liberdade e autonomia, o que entendemos que só acontece na vida adulta, pois nos tornamos donos do próprio nariz, viramos seres condicionados e presos, indiferentes a tudo que não foi provado, comprovado, reconhecido e selado pela sociedade. Repetidores das tendências e ávidos por uma validação social, ativamos uma armadilha muito comum do nosso cérebro, de querer encaixar tudo em padrões, desconsiderando disfuncionalidades, isto é, qualquer informação ou sentimento que se apresentem fora do "normal". Tentamos cancelar esse "excesso", como se ele fosse um serviço não solicitado, e adotamos hábitos e comportamentos para compensar o desconforto dos fracassos, dos incômodos e até de uma identidade que depende quase que exclusivamente da percepção e da avaliação dos outros.

> **PEGA ESTA!**
>
> As minorias étnicas são as mais vulneráveis quanto à saúde mental. As desigualdades, o preconceito e a falta de um senso de segurança, entre outros fatores, podem ser estopins para uma série de doenças — de transtornos de ansiedade e depressão até o suicídio. Isso já foi atestado em vários estudos.
>
> No Reino Unido, cientistas da University College London, da Inglaterra, entenderam que os residentes africanos têm quatro vezes mais chances de manifestar doenças psicóticas que os brancos britânicos. O mesmo vale para outras etnias, ainda que em menor escala — os paquistaneses e habitantes de outras etnias estão 2,3 e 1,7 vezes mais propensos, respectivamente, a enfrentar problemas de saúde mental.[126]
>
> Nos Estados Unidos, não é diferente. De acordo com o periódico *International Journal of Health Services*, a probabilidade de afro-americanos adultos desenvolverem transtornos mentais é 20% maior que o resto da população. As taxas crescentes de suicídio entre hispânicos, indígenas e mulheres na terra do Tio Sam também corroboram essa visão.[127]

Professor da University of Hertfordshire, Richard Wiseman é autor de algumas das pesquisas comportamentais mais interessantes que já vi. Uma delas, mais conhecida, reproduz um estudo feito em Harvard,[128] em que dois grupos de pessoas, um vestido de camiseta branca e o outro, de camiseta preta, brincam com uma bola de basquete. Eles foram filmados e observados por outras pessoas, que receberam o desafio de contar quantos passes um dos grupos dava. Os vídeos também mostravam uma pessoa, vestida de gorila, passeando entre os grupos. Será que você notaria a presença de um personagem tão *nonsense*?

Acredite, cerca de metade das pessoas fixou tanto sua atenção na missão dada que o gorila se tornou invisível. Para o acadêmico, que também é mágico, "o que vemos depende principalmente do que procuramos",[129] isto é, estamos tão condicionados a seguir padrões, a obedecer a regras, que nos tornamos cegos para o mundo. Recusamos novidades e deixamos escapar novidades. Isso, aliás, ficou bem claro em outro estudo dele, com dois grupos de pessoas — um que se autodeclarava azarado, e outro, sortudo. A ambos foi dado o desafio de procurar uma palavra em um jornal, que também trazia uma pegadinha. Uma inscrição em letras miúdas ofertava uma nota de US$ 100 a quem notificasse o pesquisador. A frequência de visualização da frase foi praticamente a mesma para os dois grupos — os sortudos, porém, se sobressaíram. Mais abertos a oportunidades, eles logo levantaram a mão e se posicionaram para ganhar a verdinha.

Com este estudo, Wiseman reforça o quanto a tensão e a pressão são danosas, reduzindo nossas perspectivas e visão de mundo. Em vez de alargarmos, nós estreitamos nosso potencial de criar e de captar oportunidades. Como ele mesmo ressalta em seu livro *Onde está o Gorila?*,[130] a resposta para inverter esse jogo é bem simples. Aliás, a sabedoria popular a resume em uma frase que vai direto ao ponto:

PEGA ESTA!

Algum fã de ioga por aí? Pois essa arte milenar tem uma posição chamada Ananda Balasana, conhecida pelo nome vulgar de "bebê feliz". Deitado de costas, o iogue dobra os joelhos sobre a barriga, mantendo-os mais abertos que o tronco. Com as canelas perpendiculares ao solo, seguram-se os pés flexionados pelas laterais.

O praticante, então, se entrega ao momento, relaxa, movimentando as pernas ou fazendo do seu corpo um gostoso balanço, da forma como o bebê faz no berço, no carrinho, onde estiver.

Essa postura, além de provocar a extensão da coluna e da virilha, é boa para acalmar o cérebro, liberar o estresse e nocautear a fadiga.

Atenção: não é indicado para grávidas ou pessoas com lesão no joelho, no tornozelo, nos ombros ou no pescoço. Para as demais, a prática é recomendada sem moderação e com um sorriso no rosto.

A psicologia tem sua responsabilidade nessa história. A influência do *play* ficou restrita a uma única fase da vida, sem abraçar outros momentos. As terapias para o adulto estão mais focadas em desaprender, desconstruir, reaprender, reconstruir e ressignificar, sem mencionar o brincar, que poderia ser um grande facilitador de qualquer processo. Nem a psicologia positiva, com todo seu enfoque para tornar a vida mais feliz, tem esse olhar mais profundo para o *play*. Daí este ter ficado muito circunscrito ao universo infantil, sendo visto como contraproducente e até como fonte de culpa. Só aqueles considerados irresponsáveis ou adoradores da Terra do Nunca mantêm esse hábito de exploração do mundo.

O brincar ficou tão distante do universo adulto que, para algumas pessoas, é difícil até atender aos pedidos dos filhos para se juntar a eles e se deixar levar pela imaginação. Shonda Rhimes, cujo TED já recomendei neste livro, passou por essa situação quando estava prestes a sair para uma festa. A filha correu ao seu encontro e a chamou para brincar. A criadora de *Grey's Anatomy* e *Scandal* recorda em seu livro *O ano em que disse sim*:

> "Por uma fração de segundo, senti como se o mundo tivesse congelado. Como um daqueles filmes de ação, em que tudo acontece em câmera lenta e depois gira — logo antes de o herói (porque, de alguma forma, nos filmes em que o tempo congela, a câmera segue lenta e tudo gira, SEMPRE há um homem) dar uma surra em alguém. Mas ali está Emerson [a filha], com seu único tufo de cabelo cacheado preso, em uma tentativa corajosa de fazer um rabo de cavalo no alto da cabeça de uma forma que a faz parecer o Piu-Piu. Está congelada, depois se move na minha direção em câmera lenta, então a sala toda gira e consigo me ver: o vestido azul de baile, as mãos grudentas, a criança disparando pelo espaço até mim."[131]

Será que algum pai ou mãe se identifica com essa cena? Bem na hora de sair de casa, atrasado(a) para o trabalho, com celular tocando, o Uber buzinando em frente da casa e o estresse correndo pelas veias pelo surgimento de um compromisso não programado na agenda?

O adulto substituiu uma experiência inocente, mas poderosa, pela competição da hipermodernidade — rivalizamos com os primos no almoço de domingo, com o colega de baia, com o vizinho. Quem é o melhor? Quem tem mais poder? Quem faz mais check-in no exterior? Quem tem mais likes? Nem o desconhecido na fila do pão sai ileso da nossa fome por combate.

"A GENTE **NÃO PAROU DE BRINCAR** PORQUE FICOU **VELHO**. A GENTE FICA **VELHO** PORQUE **PAROU DE BRINCAR**"

AUTOR DESCONHECIDO

@lucasfrancofreire

> **VOCÊ JÁ VIU?**
>
> Rusty é um garoto gorducho que bagunça a vida do consultor de imagem workaholic Ross Duritz, interpretado por Bruce Willis, que se vê obrigado a conviver com toda a ingenuidade e malemolência da criança. Faça um favor por mim — ou por você, de fato: ao ver esse *Duas Vidas*, filme com direção de Jon Turteltaub, tenha caderno e lápis à mão para anotar situações com as quais você se identificar, além de outros insights que, certamente, irão surgir.
>
> Ah, como o filme é da Disney, vale ter por perto uma caixinha de lenços também.

Um dos maiores erros da humanidade foi assumir o trabalho como o contrário de brincar. Não! O oposto, na verdade, é a depressão. E quem me ensinou isso, e tirou um peso enorme das minhas costas, foi um homem chamado Stuart Brown, também pesquisador e fundador do National Institute for Play.

Por meio de estudos, artigos e *talks*, ele tenta conscientizar as pessoas de que o *play* é tão crucial para o adulto quanto é para a criança, pois ajuda a remodelar o cérebro, a desbloquear a imaginação e a revigorar a nossa alma. Ele analisa em seu livro *Play*:

> "Neurocientistas, biólogos do desenvolvimento, psicólogos, cientistas sociais e pesquisadores de todos os pontos da bússola científica agora sabem que esse é um processo biológico profundo. Ele evoluiu ao longo das eras em muitas espécies animais para promover a sobrevivência. Ele molda o cérebro e torna os animais mais inteligentes e adaptáveis. Nos animais superiores, favorece a empatia e possibilita grupos sociais complexos. Para nós, o *play* está no centro da criatividade e da inovação. De todas as espécies animais, os seres humanos são os maiores players de todos. Somos construídos para brincar e construídos através do brincar. Quando brincamos, estamos envolvidos na expressão mais pura de nossa humanidade, a expressão mais verdadeira de nossa individualidade. Não é de admirar que muitas vezes os momentos em que nos sentimos mais vivos, aqueles que compõem nossas melhores lembranças, sejam momentos de *play*?"[132]

Para chegar a essa conclusão, Brown conversou com muita gente, até com presidiários, vendo neles, principalmente, os efeitos de uma vida sem *play*.

Para ele, há uma correlação direta entre a privação dessa atividade orgânica e essencial e a redução do bem-estar e da qualidade de vida, além da adoção de atividades antissociais e/ou violentas. A carência de *play*, dada a desigualdade econômica e social, está ligada, ainda, às baixas resiliência e inteligência emocional, podendo levar a casos sérios de depressão e outros transtornos mentais, por exemplo.

> "Embora a brincadeira precoce possa ter sido sua herança, as consequências da privação da brincadeira em adultos são: falta de envolvimento vital da vida; otimismo diminuído; sensação de estagnação na vida com pouca curiosidade ou imaginação exploratória para alterar sua situação; predileção por remédios temporários escapistas [...], álcool, exercício excessivo (ou outras compulsões); um sentimento pessoal de ser vítima e não conquistador da vida. Em qualquer idade, a avaliação da adequação do *play* e o reconhecimento de sua deficiência, juntamente com o fornecimento das condições necessárias para seu sustento, são requisitos básicos para a saúde, o bem-estar e a expressão completa do que significa ser humano."[133]

Embora seja, talvez, o maior especialista no assunto, dado o volume de estudos que conduziu nesse campo, Brown não se arrisca a definir o *play*. Eu, como bom baiano arretado, lhe digo que o *play* é a energia da vida. Pode parecer exagero, mas manter essa atividade como parte vital da sua rotina é:

- Entendê-la como uma experiência abundante, em todos os sentidos;
- Estar presente, no aqui e agora, e enxergar cada oportunidade, a cada instante, como uma chance de explorar o mundo;
- Tomar posse da própria liberdade de criação;
- Desbloquear e exercitar a criatividade e a resiliência;
- Desenvolver uma capacidade única de resolver os mais diferentes problemas e dilemas.

Talvez você esteja se perguntando se o *play* é o mesmo que gamificação, já que esta também pode transportar o "usuário" para um jogo por um propósito ou um objetivo específico. A resposta é não. A gamificação está no *play*, meu caro Watson, mas o *play* não está necessariamente na gamificação. Ao impor uma obrigação implícita, a gamificação pode não gerar uma entrega espontânea e desinteressada, ao contrário do que ocorre com a experiência transcultural do brincar. Quem brinca, o faz porque quer. E quando o sujeito brincante percebe que perdeu, ou está para perder, essa autonomia no processo, a brincadeira perde a graça.

Quando levo um grupo para o Pelourinho, por exemplo, é claro que, no fundo, existe uma intenção. Eu, como facilitador, sei o que quero provocar nessas pessoas. Elas sabem que não foram convidadas para essa ação por acaso, mas qualquer tensão, qualquer ameaça, se desfaz ao primeiro toque de tambor do Olodum. O coração automaticamente se sintoniza com as batidas. Os neurônios-espelhos entram em ação e fazem braços, pernas e quadris se mexerem, no mesmo ritmo dos músicos do principal bloco afro da Bahia. Eles entram na brincadeira, ficam entusiasmados, se esquecem do tempo, dos problemas e até das obrigações, interagem entre si e com os músicos, se sentem parte de um grupo e de um propósito, relaxam e trocam percepções, ideias e até hipóteses. Cada participante, a seu modo, respeitando a sua identidade, leva consigo uma memória e um aprendizado, talvez, para a vida inteira.

Outro estudioso do tema, o Dr. Peter Gray, da Boston College, gosta de recordar Huizinga para delinear melhor o *play*. Para o pai do *Homo Ludens*, ainda que traduzido somente como brincar, *play* é uma atividade livre que, conscientemente, fica fora da vida "comum" como "não séria", mas ao mesmo tempo absorve o jogador de maneira intensa e completa. É uma atividade conectada sem interesse material e sem lucro. Ele prossegue dentro de seus próprios limites apropriados de tempo e espaço, de acordo com regras fixas e de maneira ordenada.[134]

Brown, de certa forma, corrobora essa visão ao afirmar que o *play*, embora não possa ser definido, revela algumas propriedades:
- Aparentemente é sem propósito;
- É voluntário;
- Tem atração inerente;
- Tem desconexão com o tempo;
- Tem consciência reduzida de si;
- Tem potencial de improvisação;
- Tem desejo de continuidade.

Peter Gray tem uma opinião semelhante e destaca o *play* como uma atividade que fomenta a autonomia, a motivação intrínseca, a intuição, a imaginação e a ação, de uma forma bem mais leve.

Na vida adulta, o brincar resgata uma função biológica e a identidade, além de promover a aprendizagem. Vejo isso quando convido um grupo de engenheiros para participar de uma experiência com o Lego® Serious Play®.

Eles ficam completamente alucinados!

Em geral, foram crianças engenhosas, que adoravam montar, desmontar, construir, desconstruir. Em algum momento, entre a faculdade e o trabalho, deixaram de ser agentes de transformação, com uma capacidade incrível para resolução de problemas e desenvolvimento de ferramentas para aperfeiçoar o mundo, para se tornar zeladores de processos. Ao serem desafiados para montar uma montanha-russa, por exemplos, resgatam a própria essência e redescobrem, inevitavelmente, o próprio trabalho — incluindo novas formas de gerir suas equipes e de redesenhar processos.

Uma das histórias de subversão mais conhecidas do mundo corporativo partiu da Apple — ou melhor, de Steve Jobs, que levou o time de desenvolvedores da empresa para um retiro, no qual passou a seguinte mensagem: "É melhor ser pirata que se juntar à Marinha", em alusão à disciplina e à burocratização que tomava conta da Apple.[135] A equipe absorveu o espírito da brincadeira, hasteou uma bandeira de pirata no topo do prédio e criou nada menos do que o Macintosh, um computador revolucionário, lançado com um comercial de 30 segundos, assinado por Ridley Scott, no intervalo do Super Bowl.[136]

A Volkswagen pôs o *play* em teste ao lançar a campanha *The Fun Theory*, ou a teoria da diversão, que tomou posse desse poder para explorar ideias capazes de mudar o mundo. Uma das ações virais lançada por eles você certamente conhece: as escadas do metrô de várias cidades ao redor do mundo viraram pianos.[137] A brincadeira era um convite ao exercício físico — trocar as escadas rolantes pelas "analógicas", mais simples, mais saudáveis e, nesse caso, muito mais divertidas.

A iniciativa foi, posteriormente, estendida a creativos do mundo inteiro, por meio de um concurso cultural. A ideia vencedora sugeriu transformar radares de velocidade em um jogo de loteria para motoristas que respeitam os limites,[138] uma brincadeira, que promove a direção consciente e gera ganhos múltiplos. *Win, win.*

O agile ou o design thinking, assim como outras metodologias ágeis, também reclamam seu *share* de *play*, tanto na forma de geração de ideias quanto na proposta de romper processos ou de propor planejamentos mais enxutos e em curto prazo. O trabalho fica mais dinâmico e alinhado aos tempos em que vivemos. Tanto é que muitas startups, ao serem adquiridas por grandes empresas, que veem seu negócio em risco por uma troca de gestão geralmente mais engessada e burocratizada, optam por desfazer o negócio para ter de volta a agilidade e a autonomia. A disciplina, quando não dosada, pode gerar um exército de Lula Molusco. Fique esperto!

> **VOCÊ SABIA?**
>
> Reza a lenda que, assim como uma das principais leis da física foi descoberta por Newton após a queda de uma maçã em sua cabeça, Johannes Gutenberg também teria inventado seu método de impressão após um momento de lazer — a visita a um festival de vinho.
>
> Seu "momento ahá!" teria acontecido, sabe-se lá depois de quantas doses, enquanto observava a prensa de uva. Isso aconteceu lá no século XV. O livro mais famoso impresso pelo alemão foi, claro, a Bíblia.
>
> Um exemplar raríssimo da Bíblia de Gutenberg faz parte da coleção da Biblioteca Nacional, no Rio de Janeiro.[139]

É por isso que eu insisto que o *play* é uma maneira de reaprender a trabalhar e a viver melhor. É o *lifelong learning* na veia! Não há como se manter ativo no mercado de trabalho sem uma mentalidade de desenvolvimento contínuo. Sem exagero, o diploma de hoje pouco servirá daqui a dois anos, espaço de tempo necessário para que 350 zettabytes, ou 35 trilhões de gigabytes,[140] de novos dados sejam criados, transformando nossa forma de viver, conviver e trabalhar.

O que eu aprendi, durante todos esses anos, por meio da minha experiência e dos meus estudos, é que não há uma fórmula mágica para ativar o *play*. Lembra as perguntas que lancei no início deste capítulo?

Cada ser humano possui uma forma e, por isso, muitas vezes, revisitar as brincadeiras da infância é um bom caminho para se redescobrir e redesenhar sua rotina. Posso afirmar, com convicção, que esse caminho tem despertado prazerosas memórias em profissionais interessados em planejar sua carreira ou mudar completamente sua rota. Como já foi comprovado em uma série de estudos e pesquisas, ao contrário do que muita gente pensa, a remuneração não é a principal motivação da maior parte dos trabalhadores — ou, pelo menos, não se sustenta durante muito tempo.

A relação entre as brincadeiras de criança e a verdadeira vocação fica cada vez mais clara para mim. Minha esposa, Talita, por exemplo, se rodeava de bonecas com quem conversava, criando um espaço de acolhimento e cuidado. Hoje ela atua com psicologia clínica. Conheço crianças curiosas por histórias que se tornaram jornalistas ou escritoras. Se você fizer essa pesquisa em sua

@lucasfrancofreire

própria trajetória pessoal e nas das pessoas ao seu redor, encontrará, certamente, uma série de pequenas "coincidências". Notará como essas pessoas estão mais satisfeitas com a função que exercem, com a contribuição que dão ao mundo.

Ao eleger o *play* como coração do **Playfulness**, espero que você tenha coragem para desafiar as regras e quebrar os protocolos para viver o que realmente lhe importa. Chega de relegar a alegria aos dias de carnaval. Experimente, como sugere Brown, o que "um pouco de atividade contraproducente" pode fazer pela sua vida. Não tenha medo de se pôr no centro da arena, como diz outra Brown, a pesquisadora Brené, da University of Houston, que ficou famosa com seu TED sobre vulnerabilidade, sobre a coragem de se expor, apesar de tudo e de todos. Em seu documentário na Netflix, ela chega a citar o ex-presidente norte-americano Theodore Roosevelt, que declarou: "O crédito pertence ao homem que está por inteiro na arena da vida, cujo rosto está manchado de poeira, suor e sangue; que luta bravamente; que erra, que decepciona, porque não há esforço sem erros e decepções; mas que, na verdade, se empenha em seus feitos; que conhece o entusiasmo, as grandes paixões; que se entrega a uma causa digna; que, na melhor das hipóteses, conhece no final o triunfo da grande conquista e que, na pior, se fracassar, ao menos fracassa ousando grandemente."

As chamadas imperfeições podem ser, na verdade, nosso diferencial. Pela minha extroversão, descobri cedo como as minhas fragilidades facilitavam a conexão e tornavam tudo mais engraçado. Geram empatia e pertencimento, em um mundo que procura desesperadamente por heróis, mas tem que lidar com… humanos perfeitamente imperfeitos.

Embora o humor ainda não seja visto com bons olhos no mundo corporativo, já há quem entenda que esse é um sinal da nova liderança, aquela que ajudará a regenerar o mercado de trabalho. Especialistas com as mais diferentes bagagens atestam isso. "Quando sorrimos, é um sinal de confiança, pois o medo e a paranoia são assinalados por caras fechadas, não sorrisos. Os subordinados, os associados e os fregueses gostam de trabalhar com alguém que tenha senso de humor", escreveram Mel Helitzer e Mark Shatz, autores de *Como escrever com humor*.[141] "De Aristóteles a Freud, de Platão a Wittgenstein, as piadas receberam atenção de várias das maiores mentes do mundo. Hoje há a generalizada aceitação de que elas nos fazem rir porque, de repente, confortam nosso cérebro com perspectivas novas e surpreendentes, revelando o gorila que estava lá, diante de nós, o tempo todo", reforça Wiseman.[142]

Sei que não é fácil vencer a resistência para adotar o *play*. Os artistas, que fazem disso sua maneira de viver, nas mais diferentes modalidades, talvez sejam a maior expressão de resiliência estoica nesse sentido. Afinal, quantos não ouviram que era hora de parar de brincar e escolher uma carreira "séria"? Quantos, como Van Gogh, Franz Kafka e Galileo Galilei, não foram desacreditados, viveram na penúria e só tiveram seu talento reconhecido após a morte?

Talvez nenhum profissional no mundo tenha menos reconhecimento que o palhaço, esse personagem tão lúdico, que expõe a natureza humana com o seu brincar. É isso que faz o médico Hunter Doherty "Patch" Adams — que se tornou conhecido no mundo inteiro ao ser interpretado por Robin Williams no cinema —, ele mostra que, apesar de todas as incertezas, a alegria, assim como o amor, é a verdadeira natureza humana. "Saúde não é ausência de doença, assim como alegria não é ausência de conflito. É, sim, nossa conexão com nossa potência para olhar o conflito, a doença ou o desafio nos olhos e falar 'Vamos brincar? Vamos encarar?'", explicou, certa vez, em uma entrevista, Wellington Nogueira, fundador dos Doutores da Alegria,[143] grupo que segue uma linha de trabalho em hospitais semelhante à de Patch Adams.

É com essa injeção de ludicidade, com ou sem o nariz vermelho de palhaço, mas cheio de alegria e propósito, que o **Playfulness** — o meu convite para provocar, construir e transformar trabalhos, vidas e o mundo — se forma.

PLAYPRÓSITO

CALMA! CALMA! CALMA! VOCÊ ACHOU MESMO QUE NÃO TERIA PLAYPRÓSITO NESTE CAPÍTULO?

Primeiro, quero convidá-lo a revisitar as brincadeiras da sua infância. Será que você consegue listar as três principais, aquelas às quais mais se dedicava?

Feito isso, que tal examinar as respostas do exercício inicial, as perguntas que abriram o capítulo?

- Quando você parou de brincar?
- O que é brincar para você hoje?
- Qual é a conexão entre o seu passado e o seu presente?

Pronto para mais um desafio? Listei dez desafios para injetar mais *play* na sua vida:

- **Observe mais as crianças:** note como elas brincam, conversam, interagem e constroem hipóteses e pensamentos;

- **Reserve tempo na agenda toda semana para sonhar acordado:** ative a sua imaginação e aproveite para desopilar;

- **Aprecie o seu próprio tempo de *play*:** seja sozinho, seja com outros adultos ou crianças, engaje-se em uma tarefa que lhe traga o entusiasmo da infância;

- **ALTERE SUA ROTINA:** abra sua perspectiva e ouse quebrar a monotonia ao fazer, uma vez por semana, uma tarefa de forma diferente da que está acostumado;
- **DIGA SIM:** experimente coisas novas e abrace o inesperado, pelo menos, uma vez por semana;
- **FAÇA ARTE:** participe de uma experiência artística ou esportiva e desenvolva ou reforce habilidades;
- **CONHEÇA PESSOAS NOVAS:** expanda suas perspectivas ao se confrontar com outras visões de mundo;
- **CANTE E DANCE APENAS POR DIVERSÃO:** desopile na cozinha, no banheiro ou no trânsito, sem vergonha de virar meme na internet;
- **CULTIVE O HUMOR:** não precisa imitar ninguém, respeite seu estilo, mas exercite essa capacidade tão humana e tão essencial à vida;
- **EXERCITE A PRESENÇA:** em casa ou no trabalho, sozinho ou acompanhado; desperte para o mundo ao seu redor.

Precisa de uma *playlist* para este momento?

ENTÃO, ABRA O SEU SPOTIFY, ACESSE **PLAYFULNESS/LUDICIDADE** OU ESCANEIE O *QR CODE* ABAIXO E ~~APERTE O PLAY~~ E QUEBRE TUDO!

CAPÍTULO 7

APERTE O PLAY

MUDE DE VEZ O SEU TRABALHO E A SUA VIDA

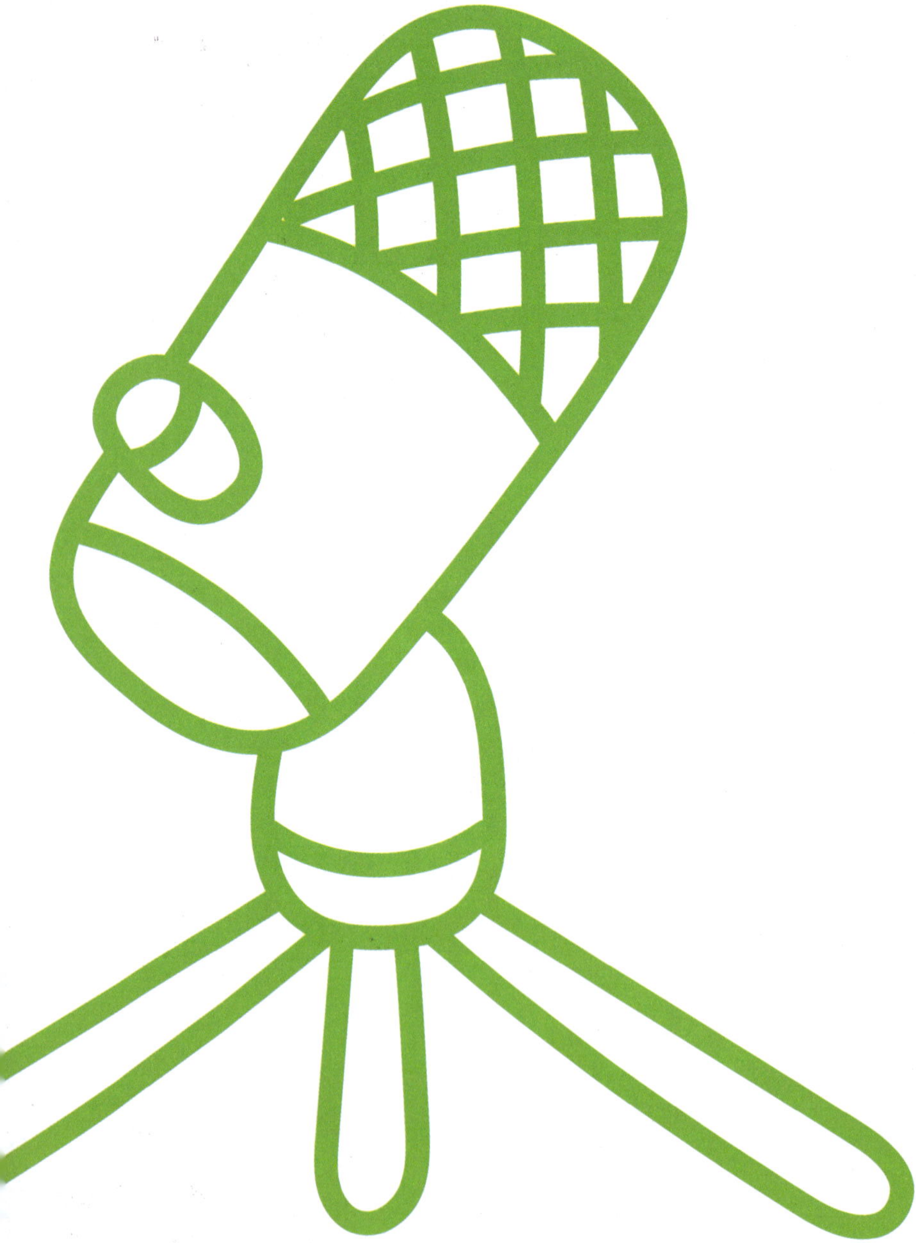

APERTE O *PLAY* — MUDE DE VEZ O SEU TRABALHO E A SUA VIDA

Os supersticiosos (e os invejosos!) diriam que o desafio estava, desde o início, amaldiçoado — afinal, envolvia aquela mulher de sorriso enigmático e origem duvidosa, apesar de todos os esforços impetrados em mais de quatro séculos. Não, você não me entendeu mal, eu quis dizer séculos mesmo. Os mistérios relacionados a essa mulher surgiram nas primeiras décadas do século XVI e têm, em sua história, detalhes macabros.

O QUE NÃO PODE TE MATAR, SIMPLESMENTE PODE TE DEIXAR ESTRANHO.

Tudo começou com um desejo inocente. Em 2016, eu já tentava atenuar os efeitos da hipermodernidade com um *play* que me pusesse em *flow, if you know what I mean*. Durante um mês, todas as noites, ao chegar do trabalho, eu me dedicava a uma tarefa que, ao mesmo tempo que me mantinha no presente, atento a pequenos detalhes, também exercitava meu cérebro. Era um verdadeiro crossfit para os meus neurônios, que tinham que enxergar padrões entre cores e formas; fazer associações; trabalhar a memória; manter a concentração e confiar na intuição. Mano… a dopamina rolava solta!

Durante trinta dias, minha esposa, Talita, teve um homem completamente alheio ao mundo ao seu redor. Sim, confesso, fiquei obcecado por essa outra mulher. Já tinha decorado seus traços e cada detalhe do seu torso. Eu sonhava com partes do seu sorriso, do seu olhar, ombros, braços e mãos… Algumas mulheres diriam que a gota d'água, a prova da falta de respeito, o motivo lícito para a separação, não foi ter feito tudo isso bem diante dos olhos da minha esposa, mas ter tomado conta da sala de jantar. Foi lá que espalhei as 3 mil peças do quebra-cabeça de uma das obras mais famosas do mundo, a *Mona Lisa*, de Leonardo da Vinci. E ai de quem tirasse algo do lugar. (Em tempo: Talita, já disse hoje que amo você?)

Pois o pior, acredite, ainda estava por vir. Após um mês dedicado ao retrato que tomou dezesseis anos da vida de Da Vinci e que não pertencia a uma nobre florentina, mas à jovem esposa de um comerciante de seda, eu quase completei a figura. Q-U-A-S-E. Faltou uma peça.

Passei por todos os estágios do luto. T-O-D-O-S. Primeiro, veio a negação. Como assim? Aquela peça TINHA que estar em algum lugar! Virei um CSI e investiguei detalhadamente a caixa, a mesa, a sala de jantar, o apartamento inteiro. Onde estava a peça? Nada.

Então, veio a raiva. Por que isso está acontecendo comigo? Por quê? POR QUEEEEEÊ? Redobrei os exercícios físicos na tentativa de não derramar a fúria dos trezentos de Esparta em ninguém — nem na Talita (oi, amor, já disse hoje que amo você?), nem nos coleguinhas, nem nos clientes.

Então, bateu a negação, que sempre vem acompanhada da barganha. Hoje reconheço um *quê* de resiliência estoica nessa parada, também de tensão criativa, já que resolvi ligar para a fabricante e reivindicar os meus direitos, ou melhor, aquela peça tão única, tão desejada. Apesar de todos os sentimentos misturados dentro de mim, o Lucas fofinho e paciente anotou todos os protocolos e até fotografou a obra incompleta de Da Vinci para provar as agruras que vivia. Houve momentos, confesso, em que achei que a Mona Lisa me lançava um sorriso sarcástico. *Mother f…*

PEGA ESTA!

Segundo Walter Isaacson, um dos biógrafos do florentino, Da Vinci começou a pintar esse retrato em 1503. Para aperfeiçoar aquele sorriso sádico, quer dizer, famoso, ele teria passado noites em claro, não em seu estúdio, mas em um necrotério, tentando entender com os mortos quais músculos e nervos faciais eram acionados por um sorriso. Ele também investigou mais sobre luzes, cores, sombras e ótica. O retrato oficial está no Museu do Louvre, em Paris, mas há várias réplicas feitas por alunos e seguidores, com retoques, dizem, do próprio mestre. Para o biógrafo, a cópia mais bonita está no Museu do Prado, em Madri. Nessa versão, aliás, Lisa del Giocondo ganhou até uma sobrancelha fina. Ou você vai me dizer que nunca tinha reparado nesse "detalhe" da obra original?[144]

Passados alguns dias, recebo um pacote em casa. Meu coração começou a saltar do peito, feito personagem de desenho animado. Junto da famigerada peça, uma carta com um aviso: "Face à variação inerente ao processo de fabricação dos *puzzles*, a peça enviada pode não ter as mesmas características de cor, formato ou tamanho". Trocando em miúdos, tudo lindo, mas nem tanto, porque cada brinquedo é único, e a beleza da exclusividade é que ela é insubstituível. (Ficou bonito isso, hein?)

É claro que li a mensagem e logo comecei a suar frio. Qual seria o final da minha história?

Você acha que o Lucas conseguiu a peça que tanto lhe faltava? Que ele teve um ataque histérico e não só desmanchou o quebra-cabeça inteiro, como amaldiçoou a fabricante, a Gioconda, o Da Vinci e todas as gerações vindouras?

Foi então que caí na tristeza. A peça não se encaixava. Tentei uma, duas, três vezes. Sem êxito. Tentei em dias diferentes. Igualmente em vão. Talita também tentou — talvez fosse só falta de jeito. Minhas mãos tremiam tanto… Nada. (Amor, amo você, viu?). Aquele quebra-cabeça era tão único, tão único, que ele ficaria assim, incompleto, por toda a vida. Fechei o meu ciclo de luto, aceitando a situação. Se nem Da Vinci terminou essa e todas as outras obras, quem sou eu, não é mesmo?

Resolvi que tinha que sentir orgulho da minha batalha. Comprei um porta-quebra-cabeça inflável (é, existe isso, gente!), soprei o negócio, montei a minha obra, enrolei e guardei. Prometi deixar esse tesouro para os meus filhos, a prova de que há beleza na adversidade e na individualidade e que, por isso, vale a pena assumir riscos. Bonito, não?

Também acho — principalmente, se isso ainda fosse verdade, porque um dia meus tios vieram se hospedar em minha casa, para curtir a folia baiana, e confundiram minha obra de arte inflável com um colchão!

Not meant to be…

==CONTO ISSO PORQUE, RETOMANDO NOSSO DEBATE FILOSÓFICO SOBRE "A VIDA COMO ELA É", O EXISTENCIALISMO ENTENDE O SER HUMANO COMO A MINHA MONA LISA: IMPERFEITO, INACABADO, MAS, ACIMA DE TUDO, ABERTO, PRONTO PARA SE TRANSFORMAR, APESAR DE TODOS OS RISCOS E DORES ENVOLVIDOS.==

Acontece que nunca fomos fãs do desconhecido, sempre nos contraímos diante das incertezas. Mestre Lipovetsky nos recorda de que a humanidade sempre buscou um amortecimento para os altos e baixos da vida — durante muito tempo, encontramos nosso porto seguro na família, na religião, nas instituições. Nem preciso falar que isso mudou, certo?

A hipermodernidade influi na produção, o consumo e até o lazer, já que a cultura também passou por um processo de industrialização e de produção em série. Marcelo (lembra-se dele?), o neto do carpinteiro e filho do engenheiro, é o exemplo clássico da geração que se deixou enclausurar pela corrente hipermoderna e, apesar de todos os esforços para cumprir o script, se viu cada vez mais frustrado. O status, o poder, os gadgets tecnológicos, as viagens internacionais, nada parecia realmente satisfazê-lo. Já não sabia mais o que comprar, tampouco o que fazer, para resgatar sua liberdade na direção da felicidade. "Quanto mais intensa é a preocupação do indivíduo com o poder sobre as coisas, mais as coisas o dominarão, mais lhe faltarão os traços individuais genuínos", profetizou o filósofo alemão Max Horkheimer.[145]

Em uma das visitas à casa da família, Marcelo relembrou sua infância. Viu os materiais do avô guardados na garagem e recordou como ele dava vida a pedaços de madeira. Talvez as crianças de hoje, com acesso a bonecos coloridos, cheios de detalhes, não vissem graça naqueles brinquedos criados com tanta devoção pelo avô. Aquele era o trabalho, mas também o *play* de Seu João. Que inveja Marcelo sentiu do avô! Que saudade sentiu das tantas tardes em que sentava no quintal, vendo o avô preparar e talhar um singelo pedaço de pau, que se tornava personagem de muitas histórias e de diferentes situações, todas criadas pela mente fértil da criança que ele era. Foi então que Marcelo percebeu que até o seu *play*, o seu brincar, estava alienado. Seu espaço de criar, tão cheio de imaginação e diversão no passado, havia se reduzido a planos em Powerpoint, baseados em planilhas cheias de números, condenado a uma previsibilidade pouco flexível.

Assim como o pai, ele tinha se encaixado em uma engrenagem dentro daquela indústria que valorizava padrões, processos, repetição, disciplina, uniformidade e o tal do ROI (*return over investment*, ou retorno sobre investimento). Era cobrado por disrupção, mas sua criatividade acabava limada pela estrutura de controle, que não aceitava o erro, muito menos o fracasso. Nesse cabo de guerra, ele, assim como muitos de seus colegas, era tomado pela ansiedade corporativa, uma erva daninha que eleva a frequência cardíaca, que enrosca a respiração e que conduz qualquer indivíduo, silenciosamente, à exaustão.

Depois daquele fim de semana, Marcelo levou para casa algumas ferramentas do avô, assim como alguns brinquedos de sua infância. Os artefatos ficaram por algum tempo acumulando pó na mesa de trabalho e na mesa da sala de sua casa. Até o dia em que ele aceitou o convite silencioso para tomá-los em suas mãos, para voltar a criar, para voltar a brincar, para voltar a viver.

O **Playfulness** é a resposta criativa que encontrei para romper com a alienação do trabalho, do consumo e do brincar imposta pela hipermodernidade. É a fonte da renovação para o mundo em que vivemos, um convite para voltar a explorá-lo com curiosidade, alegria, brio e leveza. O **Playfulness** flerta com o caos, dá boas-vindas ao medo e revigora o poder da engenhosidade, da tenacidade e da superação do ser humano, justamente ao instaurá-lo em uma posição de vulnerabilidade, de aprendiz e de mestre de uma obra que só chega ao fim com o último suspiro, com o fechar das cortinas do maior espetáculo de todos — a vida.

Minha maior ambição com este livro é corromper o sistema vigente de dentro das empresas, inspirando organizações, líderes e indivíduos a adotarem um novo estilo de vida e — por que não? — de produção. Não faltam indícios de que o atual *modus operandi* não é sustentável. Não faltam indícios de que todos os sistemas — inclusive, o humano — estão por um fio, prestes a colapsar.

O **Playfulness** é uma metodologia capaz de infectar organismos de forma sistêmica, de provocar mudanças saudáveis e positivas em diversos campos e dimensões. O mundo "adulto" não precisa ser uma escolha da razão sobre a emoção, mas da fusão de ambas, para desbloquear o potencial inigualável do cérebro e do coração, no sentido de aprender, trabalhar, colaborar, evoluir.

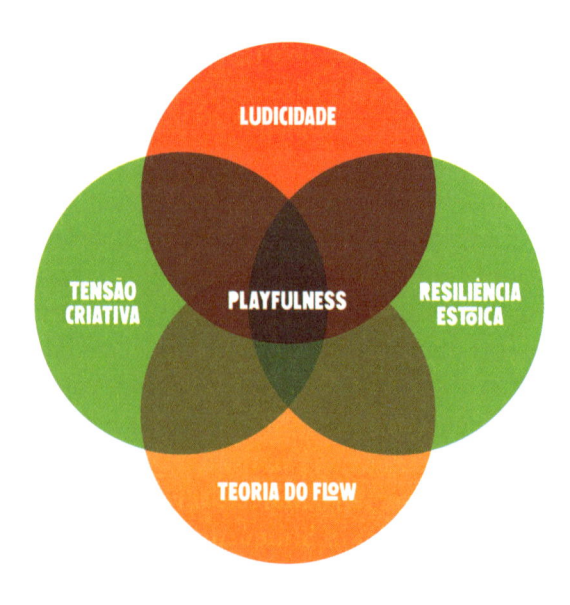

Homo Playfulness: **a resposta à hipermodernidade**

Acredito piamente que o *Homo Playfulness* é uma evolução do *Homo Faber* e do *Homo Ludens*, ao tirar proveito da tensão criativa, da resiliência estoica, da teoria do *flow* e da ludicidade para enxergar novos ângulos, compreender diferentes perspectivas, superar desafios inesperados e inusitados, e, mais do que novas instituições, novas realidades.

A começar pela nossa base ou formação, uma educação **Playfulness** é aquela pautada pela experiência, que eleva o ser humano ao seu grau máximo, ao compreender a sua unicidade e inflamar seus dons e habilidades. O educador ou facilitador **Playfulness** entende que as pessoas não são iguais; logo, o aprendizado não ocorre da mesma forma. Um mesmo conteúdo pode ser explorado e absorvido de diferentes maneiras, em um ciclo infinito de aprendizado, que, como bem destacou o teórico da educação David Kolb, requer uma vivência (experiência), um significado particular (reflexão), uma análise (conceito) e uma decisão (ação).

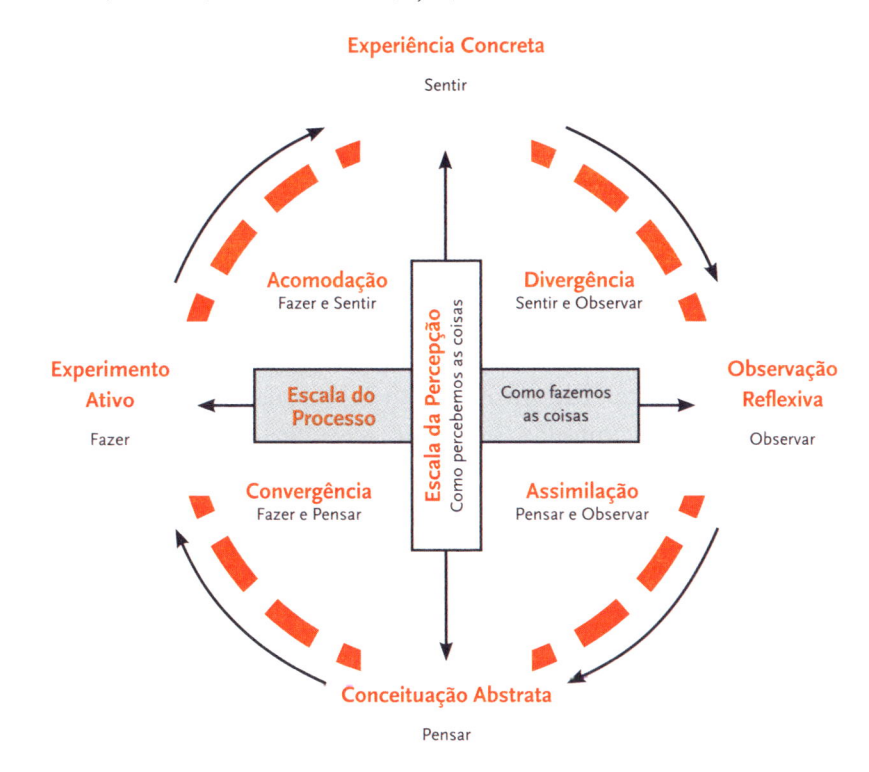

Experiência Concreta
Sentir

Acomodação
Fazer e Sentir

Divergência
Sentir e Observar

Experimento Ativo
Fazer

Escala do Processo

Escala da Percepção
Como percebemos as coisas

Como fazemos as coisas

Observação Reflexiva
Observar

Convergência
Fazer e Pensar

Assimilação
Pensar e Observar

Conceituação Abstrata
Pensar

A educação Playfulness leva em consideração o ciclo de aprendizado experiencial mapeado por David Kolb[146]

Algumas escolas mais antenadas já abortaram o modelo de educação da Revolução Industrial, visto que a "produção de estudantes em série" se mostra cada vez menos eficaz para prosperar no século XXI. A Finlândia, por exemplo, reduziu o número de crianças em sala de aula, aboliu os exames e ampliou as férias. Temas como mudanças climáticas não são tratados de forma isolada, mas como projetos, desenvolvendo nos estudantes uma visão do todo. Se funciona? Bem, basta verificar o desempenho da Finlândia nos rankings de educação,[147] bem diferente do Brasil, ainda adepto do pobre modelo tradicional.

O aprendizado por experiência também é a base dos treinamentos que eu desenvolvo — não só utilizando o Lego® Serious Play®, mas também outras ferramentas e recursos, alguns dos quais já discutidos ao longo deste livro, como os que envolvem figuras inspiradoras como Nelson Mandela e Amyr Klink. Sou um adepto da pedagogia invertida, que toma o comportamento como ponto de partida de qualquer intermissão lúdica. Gosto de estruturar o conceito antes de partir para a experiência, levando os estudantes ou praticantes a entenderem, brincarem e viverem uma situação. Em 2016, fui desafiado por uma empresa petroquímica a criar experiências que consolidassem o aprendizado após os seus líderes assistirem a uma série de palestras de atletas paralímpicos patrocinada pela empresa. As Olimpíadas do Rio estavam batendo à porta, e as palestras abordavam histórias incríveis de resiliência, cheias de significado. Não perdi tempo ao criar um "Circuito da Empatia" que simulava os principais esportes paralímpicos. Aluguei cadeiras de rodas, muletas, vendas, e, juntos, brincamos de maneira emocionada e profunda. A experiência possibilitou o desenvolvimento da empatia, além de desenvolver outros sentidos para completar as tarefas e os desafios.

Benefícios da educação Playfulness:

- Combate à evasão e ao baixo desempenho escolares;
- Mão de obra mais qualificada;
- Desenvolvimento de *soft skills*;
- Turmas ou times mais engajados.

UMA EMPRESA PLAYFULNESS É AQUELA QUE NÃO ESTÁ INTERESSADA SOMENTE EM CONSTRUIR AMBIENTES MAIS COLORIDOS E DIVERTIDOS, MAS TAMBÉM EM ABRIR CAMINHO PARA A AUTENTICIDADE, ISTO É, PARA QUE OS SEUS FUNCIONÁRIOS POSSAM EXPRESSAR QUEM REALMENTE SÃO.

Desse lugar de empatia, de respeito e de diversidade, as companhias apoiam o desenvolvimento das potencialidades de cada um, ampliando a capacidade de resolução de problemas dentro e fora da organização. Para isso, é preciso abrir mão de processos e até de hierarquia para desenvolver a autonomia da equipe. Nesse "novo mundo", momentos de lazer, ou de ócio criativo, nos termos do sociólogo italiano Domenico de Masi, são entendidos como fundamentais para a saúde mental do time e, principalmente, para alavancar resultados.

É comum que companhias consideradas referência em inovação liberem seus funcionários para trabalhar em projetos de interesse próprio. A 3M determinou, ainda na década de 1940, que o seu time utilizasse 15% do seu tempo para "perseguir seus instintos" e fazer o que desse na telha.[148] Dessa "mania" tão inusitada, surgiu a ideia de um dos produtos mais vendidos da empresa até hoje: o Post-it. Um dia, enquanto cantava no coral da igreja, o cientista Art Fry cansou de se atrapalhar com os pedaços de papel que carregava para marcar os hinos. Ele só precisava de algum marcador que não se perdesse nem danificasse as páginas...

Ele se lembrou, então, da palestra de um colega, o Dr. Spencer Silver, que, na busca por novos adesivos, desenvolveu em seu laboratório microesferas capazes não só de grudar, mas também de ser descoladas de superfícies sem muita dificuldade. Lançado no final da década de 1980, o Post-it é, até hoje, um campeão de vendas. Ganhou novos formatos, cores e aplicações.[149]

A Microsoft também promoveu uma experiência dentro dessa perspectiva. Em 2019, a multinacional norte-americana testou uma semana de trabalho com quatro dias no Japão, país tradicionalmente workaholic, a ponto de levar as pessoas à morte. A experiência foi denominada "Desafio de escolha vida-trabalho do verão de 2019" e, além de reduzir os custos de estrutura, registrou um aumento de produtividade de 40%.[150]

Benefícios da empresa Playfulness:

- Investimento na saúde mental da equipe;
- Desbloqueio da criatividade e, logo, da inovação;
- Aumento do engajamento e da produtividade;
- Redução de custos trabalhistas.

O líder **Playfulness** é, literalmente, o maior ativo de qualquer empresa. Ele é aquele que cria um ambiente que fomenta a liberdade e a criatividade. Empático, ele sabe que cada um tem o seu *flow*, estimulando a descoberta e o desenvolvimento do potencial de cada integrante da equipe.

Ele abraça as tretas e se torna um vingador diante dos sabotadores corporativos. Contorna as toxicidades do sistema e se vira nos trinta para construir um time e uma organização capazes de se adaptar ou de superar as constantes mudanças. É um grande defensor da diversidade e da colaboração para ler cenários e encontrar soluções que respondam, com agilidade e eficiência, a novos desafios. Entende o *play*, assim como a tensão criativa, a resiliência estoica e o *flow*, como um superpoder. Capitão de si, ele não tem medo de mostrar sua vulnerabilidade, porque sabe que esse é o melhor predicado de um ser humano.

Fundador da Virgin, Richard Branson declara, em artigo no blog da empresa, que quando a criou, muitos chamavam seu "otimismo ofuscante" de "ingenuidade". Um dos homens mais ricos e influentes do mundo, Branson revela:

> "Nos primeiros dias da Virgin Records e da Virgin Atlantic, nenhum de nós realmente sabia o que estava fazendo. Mas, como crianças que desconhecem as regras, seguimos em frente e alcançamos o que os outros consideravam impossível. Como o nome da marca sugere, éramos todos virgens de negócios, dispostos a experimentar coisas pela primeira vez. Sem preconceitos e sem ideia do que funcionaria e do que não funcionaria, fizemos as coisas de maneira diferente e abrimos nosso próprio caminho para o sucesso. Aprendi muito naqueles primeiros dias de negócios, na medida em que agora, sempre que me deparo com um desafio, vejo minha mente e minhas ações voltando àqueles dias, ou muitas vezes ainda mais. Há muito que podemos aprender com o modo como os inexperientes e os inocentes olham para o mundo e superam obstáculos."[151]

Benefícios de um líder Playfulness:

- Guardião de um ambiente sadio e plural;
- Agilidade emocional e criativa para lidar com o mundo Vuca;
- Habilidade social para gerenciar pessoas diferentes;
- Agregador de divergências.

Mais do que um líder, Branson, assim como muitos outros, é um indivíduo **Playfulness**, determinado a ter uma vida mais criativa, a abraçar os desafios e a acolher surpresas. É uma pessoa antenada à transformação digital e que sabe colher os benefícios que a tecnologia pode oferecer ao ser humano, sem jamais deixar de contemplar e de desfrutar a beleza que existe na simplicidade. Entende sua existência no planeta como uma experiência e, por isso, busca aprender de forma voluntária e incessante. Os inimigos diriam que ele é inquieto, um inconformado crônico, mas a verdade é que a curiosidade é o seu combustível.

O indivíduo **Playfulness** é ousado: respeita as regras, mas sabe quais podem ser ou não contornadas, sem ferir a moral de ninguém, muito menos os valores éticos. O que acontece é que esse subversor vê o *play* como um exercício de autoempatia e como fonte de empatia com os outros. Isso é mais do que um autocuidado, é uma necessidade para poder olhar e atuar no mundo com verdade e positividade.

É por isso que eu brinco que o **Playfulness** é capaz de mexer até com Abraham Maslow. O famoso psicólogo norte-americano hierarquizou as necessidades humanas — desde as mais básicas, que nos dão condições de sobrevivência, até as mais realizadoras, que preenchem nosso propósito, que nos trazem satisfação e até transcendência. Ele acreditava que "todo homem deve ser o que poder ser" e entendeu a autorrealização como um processo de autonomia, de desbloqueio do potencial pessoal e de busca por algo que é de profundo desejo.

O indivíduo **Playfulness**, obviamente, flerta com Maslow, ao sair em busca da sua realização, mas não se esquece, nem por um minuto, de que essa busca não precisa ser dura. #diganãoàsofrência

A vida, principalmente o "mundo adulto", não precisa ser um campo de batalha. O jogo precisa ser leve e divertido — caso contrário, não se tem energia nem para comemorar as conquistas. Imagine: cada realização vira uma meta a ser vencida, a rotina se torna uma grande planilha a ser preenchida, e o trabalho, um meio de sobrevivência, não uma experiência de vida.

Necessidades de Realização Pessoal (PLAY ✗)	Criatividade, espontaneidade, solução de problemas, aceitação dos fatos.
Necessidades de Estima	Reconhecimento, conquista, respeito dos outros, autoestima.
Necessidades Sociais (Amor/Relacionamento)	Amizade, família, intimidade, comunidade.
Necessidades de Segurança	Segurança do corpo, do emprego, dos recursos, da família, da saúde, da moralidade.
Necessidades Fisiológicas	Respiração, comida, água, sono, sexo, homeostase, excreção.

O Playfulness ocupa o topo da pirâmide das necessidades, construída por Abraham Maslow.

Benefícios de um líder Playfulness:

- Confiança;
- Motivação intrínseca e extrínseca;
- Autoempatia e empatia com o outro;
- Criatividade e poder de realização.

Para dirimir qualquer dúvida sobre a sua aptidão a uma vida **Playfulness**, preparei um *check-up*. Esse teste, mesmo sem qualquer fundamentação ou validação científica, pode revelar algumas dores represadas em você. Ainda que seja só uma brincadeira, é capaz de demonstrar sua disposição para se desarmar do controle imposto pelas revoluções industriais e das crenças pregadas pela hipermodernidade.

Se decidir responder, já saberemos o seu resultado. A ausência de resposta, por sua vez, já seria um indicativo de como está seu *play*, sua abertura para a tensão criativa, sua resiliência estoica para enfrentar o desconhecido e até a sua capacidade de se pôr em *flow*, deixando-se levar pelo momento e desfrutando do presente, por mais incerto que ele seja.

Check-up Playfulness

Para cada uma das afirmações e/ou perguntas, circule o número de pontos da escala que considerar apropriado.

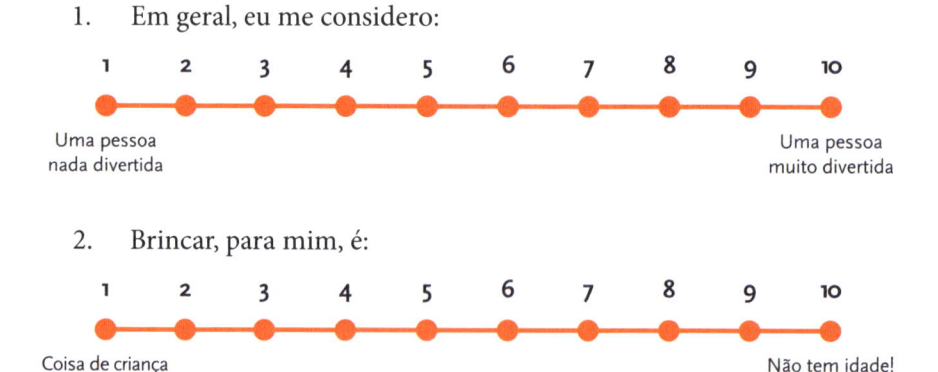

1. Em geral, eu me considero:

   1 2 3 4 5 6 7 8 9 10

   Uma pessoa nada divertida — Uma pessoa muito divertida

2. Brincar, para mim, é:

   1 2 3 4 5 6 7 8 9 10

   Coisa de criança — Não tem idade!

3. Quando vejo crianças, sinto:

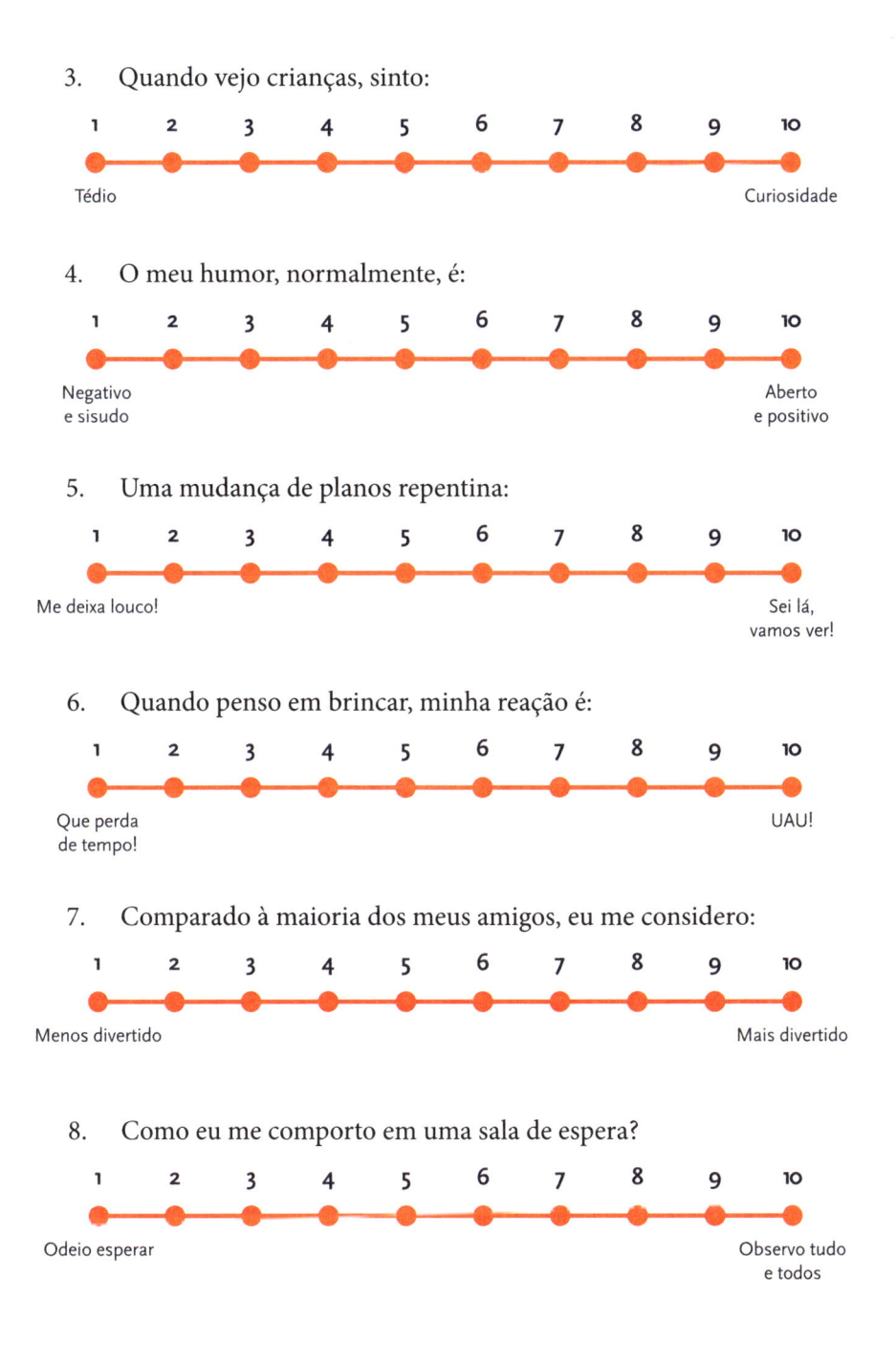

1 — 2 — 3 — 4 — 5 — 6 — 7 — 8 — 9 — 10
Tédio — Curiosidade

4. O meu humor, normalmente, é:

1 — 2 — 3 — 4 — 5 — 6 — 7 — 8 — 9 — 10
Negativo e sisudo — Aberto e positivo

5. Uma mudança de planos repentina:

1 — 2 — 3 — 4 — 5 — 6 — 7 — 8 — 9 — 10
Me deixa louco! — Sei lá, vamos ver!

6. Quando penso em brincar, minha reação é:

1 — 2 — 3 — 4 — 5 — 6 — 7 — 8 — 9 — 10
Que perda de tempo! — UAU!

7. Comparado à maioria dos meus amigos, eu me considero:

1 — 2 — 3 — 4 — 5 — 6 — 7 — 8 — 9 — 10
Menos divertido — Mais divertido

8. Como eu me comporto em uma sala de espera?

1 — 2 — 3 — 4 — 5 — 6 — 7 — 8 — 9 — 10
Odeio esperar — Observo tudo e todos

9. Quem sou eu na turma do Bob Esponja?

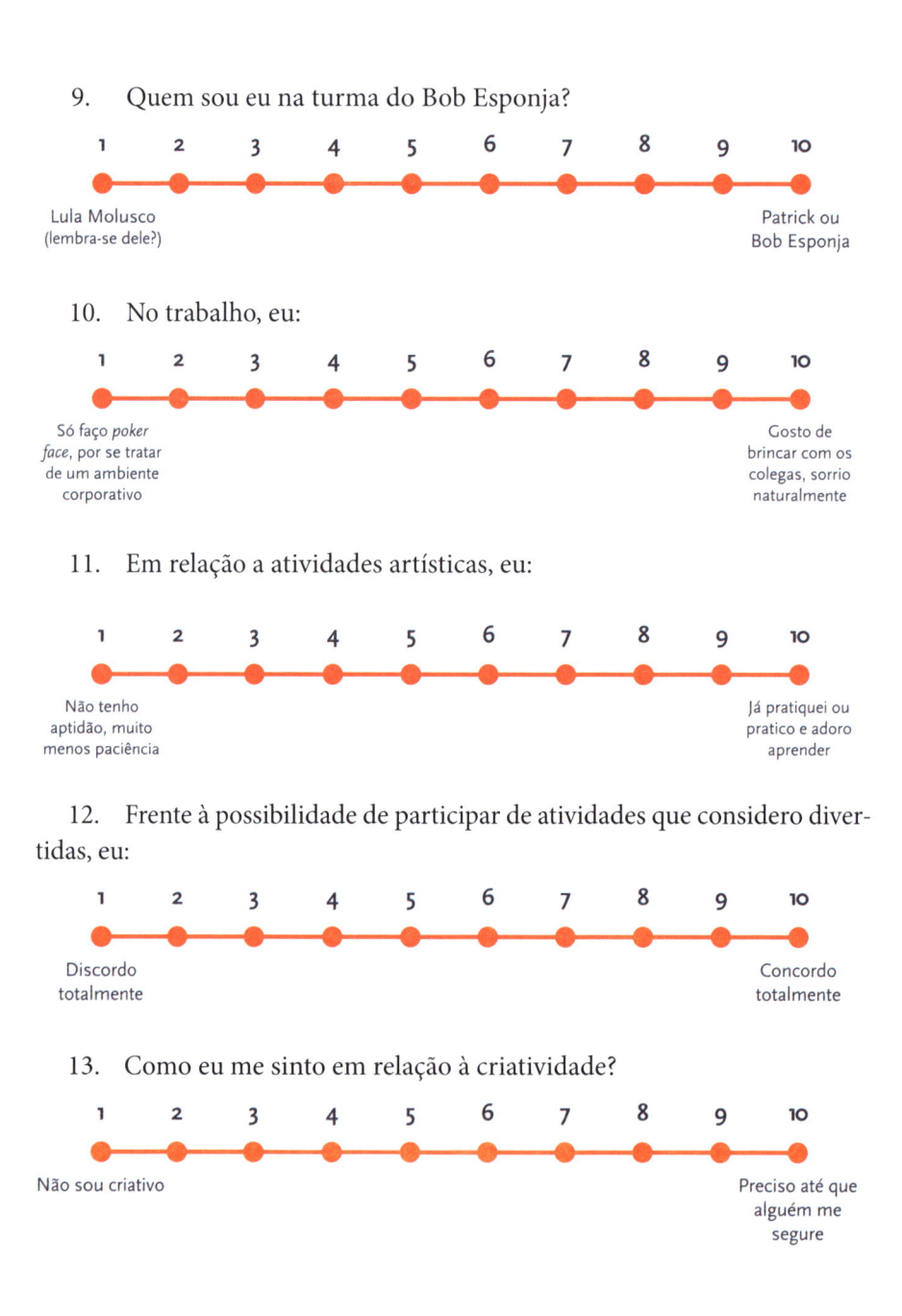

1 — 2 — 3 — 4 — 5 — 6 — 7 — 8 — 9 — 10

Lula Molusco (lembra-se dele?) ... Patrick ou Bob Esponja

10. No trabalho, eu:

1 — 2 — 3 — 4 — 5 — 6 — 7 — 8 — 9 — 10

Só faço *poker face*, por se tratar de um ambiente corporativo ... Gosto de brincar com os colegas, sorrio naturalmente

11. Em relação a atividades artísticas, eu:

1 — 2 — 3 — 4 — 5 — 6 — 7 — 8 — 9 — 10

Não tenho aptidão, muito menos paciência ... Já pratiquei ou pratico e adoro aprender

12. Frente à possibilidade de participar de atividades que considero divertidas, eu:

1 — 2 — 3 — 4 — 5 — 6 — 7 — 8 — 9 — 10

Discordo totalmente ... Concordo totalmente

13. Como eu me sinto em relação à criatividade?

1 — 2 — 3 — 4 — 5 — 6 — 7 — 8 — 9 — 10

Não sou criativo ... Preciso até que alguém me segure

14. No universo das piadas, eu:

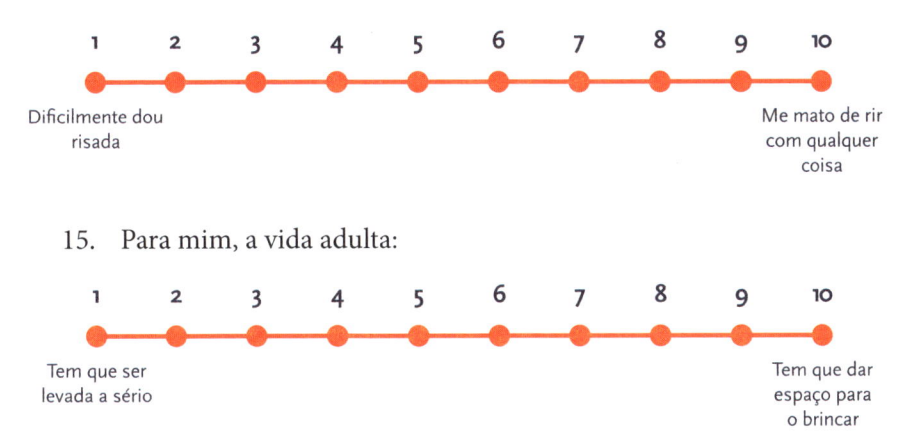

```
  1   2   3   4   5   6   7   8   9   10
```
Dificilmente dou risada — Me mato de rir com qualquer coisa

15. Para mim, a vida adulta:

```
  1   2   3   4   5   6   7   8   9   10
```
Tem que ser levada a sério — Tem que dar espaço para o brincar

Com as respostas em mãos, chegou a hora de descobrir como anda o *play* na sua vida. Some todas as respostas, depois multiplique por 2 e, então, divida por 2:

SOMA DAS RESPOSTAS x 2/2 = **FATOR PLAY**

CONFIRA AGORA O DIAGNÓSTICO:

Se o seu fator *play* foi de 90 a 105 pontos

Parabéns, você já é um *Homo Playfulness*! Quero muito ser seu amigo! Você é um brincante como eu e tem o **Playfulness** pulsando em suas veias. Explorar o mundo e ser curioso são suas marcas. Ser criativo e resolver problemas são forças motivadoras para você. Deve apenas exercitar a canalização desse *play* para caminhos positivos e produtivos, além de não se deixar pecar pelo excesso (faça o que eu digo e não faça o que eu faço).

Se o seu fator *play* foi de 60 a 89 pontos

Parabéns! Você é um excelente parceiro para as longas jornadas da vida. Criar e explorar o mundo não são desafios impossíveis para você. Você sabe brincar e pode dosar melhor a hora e o formato. Encarar a brincadeira como "algo sério", como parte da sua rotina de trabalho e de viver, pode potencializar ainda mais sua criatividade.

Se o seu fator *play* foi de 31 a 59 pontos

Você ainda tem muito espaço para o brincar em sua vida. Conecte-se à sua criança interior e deixe fluir. Na maioria das vezes, é apenas a nossa autopercepção que precisa estar mais aberta. Ao dar mais espaço para o brincar, você descobrirá novas maneiras de aprender.

Se o seu fator *play* foi de 1 a 30 pontos

Não desanime! Ludicidade é pessoal e intransferível. Pode ser que o que é lúdico para você faça parte de um universo completamente diferente das perguntas que fiz. Afinal, esse teste só se propõe a uma análise despretensiosa de perfil comportamental. Reflita sobre como conectar-se ainda mais com seu lado lúdico.

Convite final

Para fechar este livro, exponho aqui, com orgulho, a minha Mona Lisa, perfeitamente incompleta, como um lembrete do real propósito desta vida. Em casa ou no trabalho, de nada vale o sofrimento senão como um degrau de desenvolvimento. Espero que minha metodologia o ajude a se descobrir e a se transformar, o ajude a descobrir e a transformar. Porque, para o *Homo Playfulness*, cada dia, cada adversidade, cada realização é somente mais uma peça neste grande quebra-cabeça que é a vida.

De mãos dadas com a minha criança, deixo aqui meu testemunho final e também um convite, em forma de poesia, para iniciar essa transformação, de dentro para fora, agora. Esse é o verdadeiro **"Manifesto Playfulness"**.

MANIFESTO PLAYFULNESS!

Quando eu era menino
Via a bruxa no banheiro
Tinha um monstro no armário
E a cachoeira era o chuveiro.

Quando eu era menino
O lençol era a cabana
O colchão um forte apache
E quando era pra esconder
Não existia quem me achasse.

Quando eu era menino
Vi ciclope, vi centauro
E na casa da vizinha
Tinha um cachorro-dinossauro.

Quando eu era menino
Fiz vassoura de espada
Carrinho de lata velha
E tomei choque em tomada.

Quando eu era menino
Eu podia imaginar
Ser bombeiro, ser piloto
Cientista, maquinista,
Astronauta, alpinista
E já pude até voar.

Mas deixei de ser menino

E ao deixar de ser menino
Vieram as obrigações
Não aos poucos, aos milhões
De todas as direções.
Ao deixar de ser menino
Repetiam sem cessar
Pra viver tem que estudar
E estudar pra trabalhar.

Ao deixar de ser menino
Estudei e trabalhei
E escondi de todo mundo
Algo que nunca contei.

Algo que era segredo e conto
agora pra vocês
Não... Não deixei de ser menino
Nem deixei de imaginar
Vivo de contar histórias de criar
e provocar.

E para vocês, ex-meninos e
ex-meninas
Deixo aqui o meu convite e minha
provocação
Pra viver num mundo incerto, neste
imenso turbilhão
Acordem seus *eus* meninos e abusem
da imaginação.

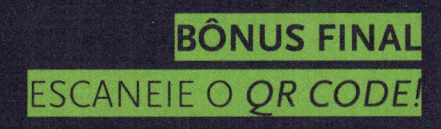

BÔNUS FINAL
ESCANEIE O *QR CODE!*

REFERÊNCIAS BIBLIOGRÁFICAS

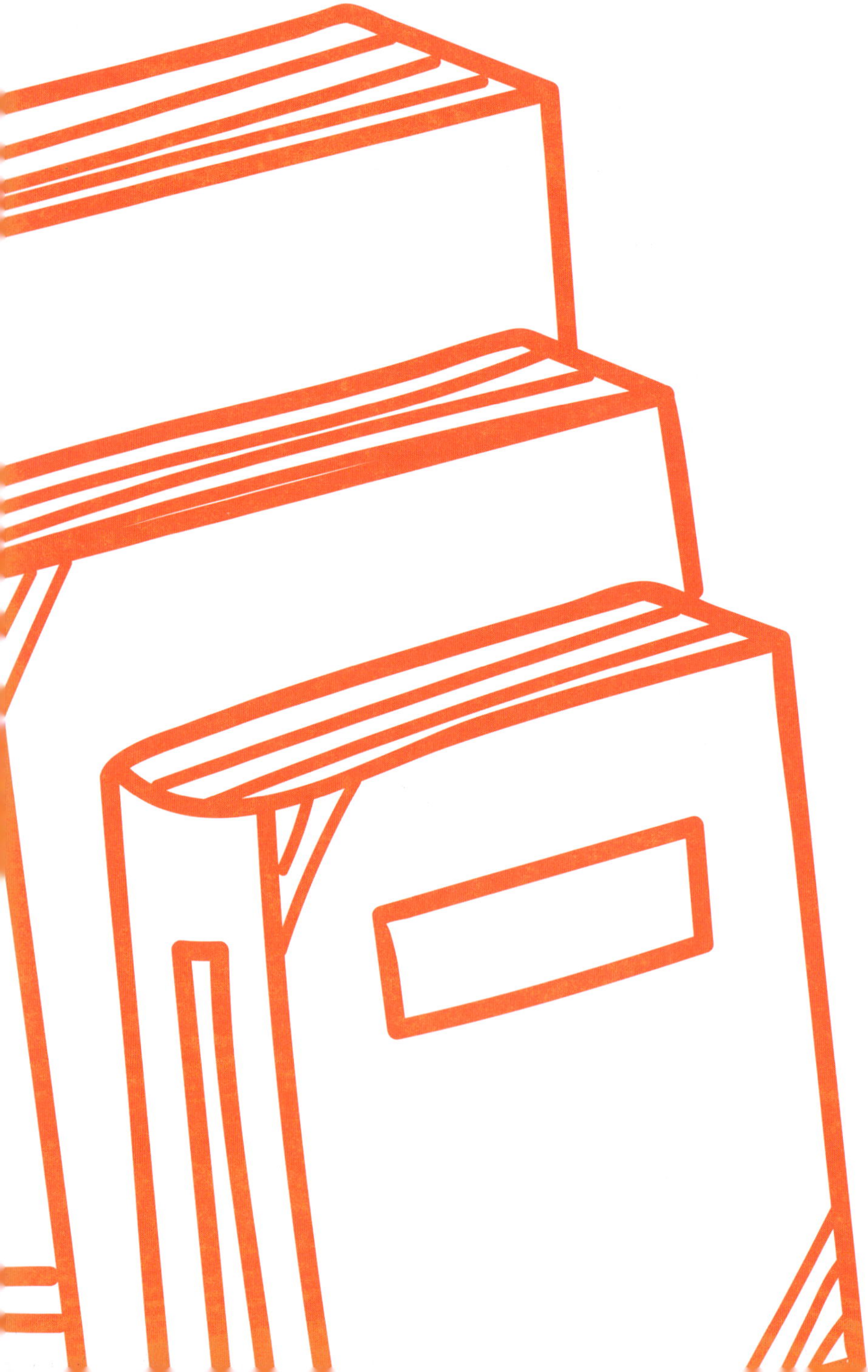

REFERÊNCIAS BIBLIOGRÁFICAS

UMA a cada 4 empresas fecha antes de completar 2 anos no mercado, segundo o Sebrae. *Dino*, reproduzido em *Portal Terra*, 15 ago. 2018. Disponível em: https://www.terra.com.br/noticias/dino/1-a-cada-4-empresas-fecha-antes-de-completar-2-anos-no-mercado-segundo-sebrae,1d544ed6d044fda10d2f6e45b580362augd155bg.html. Acesso em: 18 maio 2020.

62% DOS BRASILEIROS não sabem reconhecer uma notícia falsa. *Veja*, 13 fev. 2020. Disponível em: https://veja.abril.com.br/tecnologia/62-dos-brasileiros-nao-sabem-reconhecer-uma-noticia-falsa/. Acesso em: 13 fev. 2020.

AME-O ou deixe-o. *Folha de S.Paulo*, [s.d.]. Disponível em: https://www1.folha.uol.com.br/folha/especial/2002/eleicoes/historia-1969.shtml. Acesso em: 12 fev. 2020.

ANALISTAS afirmam que a produção de dados dobra a cada dois anos. *Canal Tech*, [s.d.]. Disponível em: https://canaltech.com.br/carreira/Analistas-afirmam-que-a-producao-de-dados-dobra-a-cada-dois-anos/. Acesso em: 4 jun. 2020.

ARENDT, Hannah. *A condição humana*. 11. ed. Rio de Janeiro: Forense Universitária, 2010.

ARGYRIS, Chris. *Personalidade e organização*: o conflito entre o sistema e o indivíduo. Rio de Janeiro: Renes, 1969.

BEM-VINDOS à Quarta Revolução Industrial. *O Estado de S. Paulo*, Mundo Digital, 14 abr. 2019. Disponível em: http://especiais.estadao.com.br/mundodigital/ola-mundo/. Acesso em: 12 fev. 2020.

BIGARELLI, Barbara. João Carlos Martins: "A vida não é só tragédia". *Época Negócios*, 3 jun. 2016. Disponível em: https://epocanegocios.globo.com/Vida/noticia/2016/06/joao-carlos-martins-vida-nao-e-so-tragedia.html. Acesso em: 18 maio 2020.

BILIONÁRIOS do mundo têm mais dinheiro que 60% de toda a população. *iG*, Economia, 20 jan. 2020. Disponível em: https://economia.ig.com.br/2020-01-20/bilionarios-do-mundo-tem-mais-dinheiro-que-60-da-populacao-mundial.html. Acesso em: 13 fev. 2020.

BOTELHO, José Francisco. *A odisseia da filosofia*: uma breve história do pensamento ocidental. São Paulo: Abril, 2015.

BRANSON, Richard. The Huge Power of Thinking Like a Toddler. *Virgin Blog*. Disponível em: https://www.*virgin*.com/richard-branson/huge-power-thinking-toddler#.Wp_v9XgW378.linkedin. Acesso em: 2 jul. 2020.

BRASIL Colônia. *Brasil Escola*, [s.d.]. Disponível em: https://monografias.brasilescola.uol.com.br/historia/brasil-colonia.htm. Acesso em: 12 fev. 2020.

BRIGATTO, Gustavo. Empresas de TI crescem com produtos grátis. *Valor Econômico*, 18 maio 2020. Disponível em: https://valor.globo.com/empresas/noticia/2020/05/18/empresas-de-ti-crescem-com-produto-gratis.ghtml. Acesso em: 18 maio 2020.

BROWN, Stuart. Consequences of Play Deprivation. *Scholarpedia*, v. 9, nº 5, 2014. Disponível em: http://www.scholarpedia.org/article/Consequences_of_Play_Deprivation. Acesso em: 4 jun. 2020.

BROWN, Stuart; VAUGHAN, Christopher. *Play:* How It Shapes the Brain, Opens the Imagination and Invigorates the Soul. Londres: Penguin, 2009.

BRYSON, Bill. *Corpo*: um guia para usuários. Trad. Cássio de Arantes Leite. São Paulo: Companhia das Letras, 2020.

BURKEMAN, Oliver. *Manual antiautoajuda*: felicidade para quem não consegue pensar positivo. Trad. André Fontenelle. São Paulo: Paralela, 2014.

CAMPBELL, Joseph; MOYERS, Bill. *O poder do mito*. 30. ed. São Paulo: Palas Athena, 2014.

CAPELAS, Bruno; WOLF, Giovanna. Com assistentes de voz, casa conectada vira realidade no Brasil em 2019. *O Estado de S. Paulo*, 20 out. 2019. Disponível em: https://link.estadao.com.br/noticias/gadget,com-assistentes-de-voz-casa-conectada-vira-realidade-no-brasil-em-2019,70003056577. Acesso em: 12 fev. 2020.

CARAM, Teresa. Terra da Pequena Sereia, Copenhague é mais bonita que nos contos de fada. *Estado de Minas*, Turismo, 10 set. 2019. Disponível em: https://www.em.com.br/app/noticia/turismo/2019/09/10/interna_turismo,1083720/conheca-copenhague-um-dos-mais-belos-cartoes-postais-da-europa.shtml. Acesso em: 12 fev. 2020.

CHADE, Jamil; PALHARES, Isabela. Brasil tem maior taxa de transtorno de ansiedade do mundo, diz OMS. *O Estado de S. Paulo*, 23 fev. 2017. Disponível em: https://saude.estadao.com.br/noticias/geral,brasil-tem-maior-taxa-de-transtorno-de-ansiedade-do-mundo-diz-oms,70001677247. Acesso em: 7 fev. 2020.

COMO o estresse provoca mudanças no seu cérebro. *The HuffPost Brasil*, 21 nov. 2014.

CORTELLA, Mario Sergio. *Por que fazemos o que fazemos?* Aflições vitais sobre trabalho, carreira e realização. São Paulo: Planeta, 2016.

COSTA, Elizabeth. Dados chocantes mostram como a saúde mental das minorias é negligenciada. *The Huffpost Brasil*, 21 set. 2016.

CSIKSZENTMIHALYI, Mihaly. *Fluidez, o segredo da felicidade*. TED, fev. 2004 (18m45). Disponível em: https://www.ted.com/talks/mihaly_csikszentmihalyi_flow_the_secret_to_happiness/transcript?language=pt-br. Acesso em: 9 maio 2020.

CSIKSZENTMIHALYI, Mihaly. *Flow*: a psicologia do alto desempenho e da felicidade. Trad. Cássio de Arantes Leite. Rio de Janeiro: Objetiva, 2020.

DE SAIR cedo do trabalho a assumir riscos desde criança: o que a Dinamarca pode ensinar aos negócios. *Época Negócios*, 12 jul. 2019. Disponível em: https://epocanegocios.globo.com/Mundo/noticia/2019/07/de-sair-cedo-do-trabalho-assumir-riscos-desde-crianca-o-que-dinamarca-pode-ensinar-aos-negocios.html. Acesso em: 14 maio 2020.

DESJARDINS, Jeff. How Much Data Is Generated Each Day? *World Economic Forum*, 17 abr. 2019. Disponível em: https://www.weforum.org/agenda/2019/04/how-much-data-is-generated-each-day-cf4bddf29f/. Acesso em: 13 fev. 2020.

DORMIR pouco afeta o cérebro da mesma forma que o álcool. *Veja*, 13 nov. 2017. Disponível em: https://veja.abril.com.br/saude/dormir-pouco-afeta-o-cerebro-da-mesma-forma-que-o-alcool/. Acesso em: 8 maio 2020.

DREAMWORKS adquire os direitos sobre o personagem Gato Félix. *Folha de S.Paulo*, Ilustrada, 17 jun. 2014. Disponível em: https://m.folha.uol.com.br/ilustrada/2014/06/1472169-dreamworks-adquire-os-direitos-sobre-o-personagem-gato-felix.shtml. Acesso em: 8 abr. 2020.

DWECK, Carol. *Mindset*: a nova psicologia do sucesso. Trad. S. Duarte. Rio de Janeiro: Objetiva, 2017.

ENGARRAFAMENTO de montanhistas causa ao menos dez mortes no Everest. *Folha de S.Paulo*, Mundo, 24 maio 2019. Disponível em: https://www1.folha.uol.com.br/mundo/2019/05/engarrafamentos-de-montanhistas-causam-mortes-no-everest.shtml. Acesso em: 11 fev. 2020.

EPICTETO. *Manual para a vida*. Trad. Rafael Arrais. Textos para Reflexão, 2019.

ESCRITA: a arte de inventar palavras. *Estante Virtual*, 21 maio 2012. Disponível em: https://blog.estantevirtual.com.br/2012/05/21/escrita-a-arte-de-inventar-palavras/. Acesso em: 9 abr. 2020.

FAIRYINGTON, Stephanie. Here's Why Humor Is So Important in the Workplace — and the Right Way to Use It. *Thrive Global*, 1 abr. 2019. Disponível em: https://thriveglobal.com/stories/humor-laughter-workplace-office-well-being-success-benefits-tips/. Acesso em: 22 jun. 2020.

FLOOD, Alison. Fake News Is a 'Very Real' Word of the Year for 2017. *The Guardian*, 2 nov. 2017. Disponível em: https://www.theguardian.com/books/2017/nov/02/fake-news-is-very-real-word-of-the-year-for-2017. Acesso em: 13 fev. 2020.

FREITAS JR., Osmar. De mendigo a milionário. *IstoÉ*, 24 jan. 2007. Disponível em: https://istoe.com.br/995_DE+MENDIGO+A+MILIONARIO/. Acesso em: 9 maio 2020.

FRICKE, David. Paul McCartney Looks Back: The Rolling Stone Interview. *Rolling Stone*, 10 ago. 2016. Disponível em: https://www.rollingstone.com/music/music-features/paul-mccartney-looks-back-the-rolling-stone-interview-102797/. Acesso em: 18 maio 2020.

GOETZ, Kaomi. How 3M Gave Everyone Days Off and Created an Innovation Dynamo. *FastCompany*, 1 fev. 2011. Disponível em: https://www.fastcompany.com/1663137/how-3m-gave-everyone-days-off-and-created-an-innovation-dynamo. Acesso em: 3 jul. 2020.

GONÇALVES, Robson; PAIVA, Andréa de. *Triuno*: neurobusiness e qualidade de vida. São Paulo: Clube de Autores, 2014.

GORDON, Dave. Chris Gardner: The Homeless Man Who Became a Multi-Millionaire Investor. *BBC*, 5 dez. 2016. Disponível em: https://www.bbc.com/news/business-38144980. Acesso em: 9 maio 2020.

GRANT, Adam. *Originais*: como os inconformistas mudam o mundo. Rio de Janeiro: Sextante, 2017.

GRAY, Peter. Definitions of Play. *Scholarpedia*, v. 8, n. 7, 2013. Disponível em: http://www.scholarpedia.org/article/Definitions_of_Play. Acesso em: 4 jun. 2020.

GUIA da mitologia grega: deuses, ninfas, daimons, monstros e heróis de A a Z. 2. ed. São Paulo: Online Editora, 2016. E-book.

HANAN, Mary. Why This Lawyer Ditched a 6-Figure Paycheck to Become a Lego Artist. *CNBC*, 6 jul. 2016. Disponível em: https://www.cnbc.com/id/100935141. Acesso em: 17 mar. 2020.

HANS Christian Andersen. *Britannica Escola*, [s.d.]. Disponível em: https://escola.britannica.com.br/artigo/Hans-Christian-Andersen/480600. Acesso em: 12 fev. 2020.

HELITZER, Mel; SHATZ, Mark. *Como escrever humor*. Rio de Janeiro: Gryphus, 2014.

HORKHEIMER, Max. *Eclipse da razão*. Trad. Carlos Henrique Pissardo. São Paulo: Editora Unesp, 2015.

IBGE (Instituto Brasileiro de Geografia e Estatística). Arranjos populacionais e concentrações urbanas no Brasil. 2. ed. Rio de Janeiro: IBGE, 2016. Disponível em: https://biblioteca.ibge.gov.br/visualizacao/livros/liv99700.pdf. Acesso em: 7 fev. 2020.

IJJASZ-VASQUEZ, Ede. What a Waste: an Updated Look into the Future of Solid Waste Management. *The World Bank*, 20 set. 2018. Disponível em: https://www.worldbank.org/en/news/immersive-story/2018/09/20/what-a-waste-an-updated-look-into-the-future-of-solid-waste-management. Acesso em: 12 fev. 2020.

ISAACSON, Walter. The Real Leadership Lessons of Steve Jobs. *Harvard Business Review*, abr. 2012. Disponível em: https://hbr.org/2012/04/the-real-leadership-lessons-of-steve-jobs. Acesso em: 18 maio 2020.

ISAACSON, Walter. *Leonardo da Vinci*. Trad. André Czarnobai. Rio de Janeiro: Intrínseca, 2017.

JACKMAN, Sophie. Microsoft testa semana de trabalho de 4 dias e a produtividade sobe 40%. *Bloomberg*, reproduzido em *Exame*, 4 nov. 2019. Disponível em: https://exame.com/carreira/*microsoft*-testa-semana-de-trabalho-de-4-dias-e-a-produtividade-sobe-40/. Acesso em: 3 jul. 2020.

JEZARD, Adam. Is This Finnish School the Perfect Design? *World Economic Forum*, 24 out. 2017. Disponível em: https://www.weforum.org/agenda/2017/10/why-finland-is-tearing-down-walls-in-schools/. Acesso em: 3 jul. 2020.

JOÃO Carlos Martins relata emoção após voltar a tocar piano com luvas especiais: 'Escorreu uma lágrima'. *GShow*, 29 fev. 2020. Disponível em: https://gshow.globo.com/programas/altas-horas/noticia/joao-carlos-martins-relata-emocao-apos-voltar-a-tocar-piano-com-luvas-especiais-escorreu-uma-lagrima.ghtml. Acesso em: 18 maio 2020.

JOHANNES Gutenberg. *Escola Britannica*, [s.d.]. Disponível em: https://escola.britannica.com.br/artigo/Johannes-Gutenberg/481435. Acesso em: 4 jun. 2020.

JOHNSON, Bobbie. Apple's Macintosh, 25 Years on. *The Guardian*, 23 jan. 2009. Disponível em: https://www.theguardian.com/technology/2009/jan/23/*apple*-macintosh-25#:~:text=Twenty%2Dfive%20years%20ago%2C%20on,core%20of%20the%20company's%20identity. Acesso em: 5 jun. 2020.

JULIO, Karina Balan. Como blocos Lego têm reconstruído dinâmicas corporativas. *Meio & Mensagem*, 3 jan. 2019. Disponível em: https://www.meioemensagem.com.br/home/marketing/2019/01/03/lego-serious-play-e-a-reconstrucao-das-metodologias-corporativas.html. Acesso em: 22 jun. 2020.

KLINK, Amyr. *Cem dias entre céu e mar*. São Paulo: Companhia das Letras, 1995.

KNOOP, Hans Henrik. *Play, Learning and Creativity*: Why Happy Children Are Better Learners. Oslo: Aschehoug Dansk Forlag, 2002.

KOTTER, John P. *Sentido de urgência*: o que falta para você vencer. Trad. Adriana Rieche. 2. ed. Rio de Janeiro: BestSeller, 2009.

KOTTER, John P. *Liderando mudanças*: transformando empresas com a força das emoções. Rio de Janeiro: Alta Books, 2017.

KRISTIANSEN, Per; RASMUSSEN, Robert. *Construindo um negócio melhor com a utilização do Método Lego® Serious Play®*. São Paulo: DVS, 2015.

LAVADO, Thiago. Uso da internet no Brasil cresce, e 70% da população está conectada. *G1*, 28 ago. 2019. Disponível em: https://g1.globo.com/economia/tecnologia/noticia/2019/08/28/uso-da-internet-no-brasil-cresce-e-70percent-da-populacao-esta-conectada.ghtml. Acesso em: 12 fev. 2020.

LIPOVETSKY, Gilles. *A sociedade da decepção*. São Paulo: Manole, 2007.

LIPOVETSKY, Gilles; CHARLES, Sébastien. *Os tempos hipermodernos*. São Paulo: Barcarolla, 2004.

MANNION, James. *O livro completo da filosofia*: entenda os conceitos básicos dos grandes pensadores — de Sócrates a Sartre. 6. ed. São Paulo: Madras, 2010.

MARGOLIS, Joshua D.; STOLTZ, Paul. How to Bounce Back from Adversity. *Harvard Business Review*, jan./fev. 2010. Disponível em: https://hbr.org/2010/01/how-to-bounce-back-from-adversity. Acesso em: 8 maio 2020.

MARR, Bernard. How Much Data Do We Create Every Day? The Mind-Blowing Stats Everyone Should Read. *Forbes*, 21 maio 2018. Disponível em: https://www.forbes.com/sites/bernardmarr/2018/05/21/how-much-data-do-we-create-every-day-the-mind-blowing-stats-everyone-should-read/#4224a24460ba. Acesso em: 12 fev. 2020.

MCGONIGAL, Jane. *Gaming Can Make a Better World*. TED, fev. 2010 (19m48). Disponível em: https://www.ted.com/talks/jane_mcgonigal_gaming_can_make_a_better_world?language=pt-br. Acesso em: 15 maio 2020.

MCLEOD, Saul. Kolb's Learning Styles and Experiential Learning Cycle. *Simply Psychology*, 2017. Disponível em: https://www.simplypsychology.org/learning-kolb.html. Acesso em: 3 jul. 2020.

MERIGO, Carlos. Volkswagen revela o vencedor da campanha "The Fun Theory". *B9*, 30 mar. 2010. Disponível em: https://www.b9.com.br/11898/volkswagen-revela-o-vencedor-da-campanha-the-fun-theory/. Acesso em: 5 jun. 2020.

MORAES, Ana Luísa. Minorias étnicas têm risco maior de desenvolver problemas mentais. *Veja Saúde*, 3 jun. 2017. Disponível em: https://saude.abril.com.br/mente-saudavel/minorias-etnicas-tem-risco-maior-de-desenvolver-problemas-mentais/. Acesso em: 4 jun. 2020.

NEVES, Daniel. Segundo Reinado. *Brasil Escola*, [s.d.]. Disponível em: https://brasilescola.uol.com.br/historiab/segundo-reinado.htm. Acesso em: 12 fev. 2020.

NOBRE, Paty Moraes. Vendedor anuncia torresmo em live de governador, viraliza e sai da crise. *Exame*, 7 abr. 2020. Disponível em: https://exame.com/casual/vendedor-anuncia-torresmo-em-live-de-governador-viraliza-e-sai-da-crise/. Acesso em: 10 abr. 2020.

OTTO Mesmmer. *Enciclopedia Britannica*, 24 out. 2020. Disponível em: https://www.britannica.com/biography/Otto-Messmer#ref739012. Acesso em: 8 abr. 2020.

PARA FUNDADOR dos Doutores da Alegria, trabalho e felicidade devem caminhar juntos. *Pequenas Empresas & Grandes Negócios*, 3 dez. 2015. Disponível em: https://revistapegn.globo.com/Banco-de-ideias/noticia/2015/12/para-fundador-dos-doutores-da-alegria-trabalho-e-felicidade-devem-caminhar-juntos.html. Acesso em: 5 jun. 2020.

PIANO Stairs. *Design of The World*, [s.d.]. Disponível em: https://www.designoftheworld.com/piano-stairs/. Acesso em: 5 jun. 2020.

PIRATE Flag. *Folklore*, [s.d.]. Disponível em: https://www.folklore.org/StoryView.py?story=Pirate_Flag.txt. Acesso em: 5 jun. 2020.

PÓVOA, Liberato. O linguajar de Carmo, nossas palavras caipiras e os neologismos de Guimarães Rosa. *Diário da Manhã*, 11 nov. 2016. Disponível em: https://www.dm.jor.br/opiniao/2016/11/o-linguajar-de-carmonossas-palavras-caipiras-e-os-neologismos-de-guimaraes-rosa/. Acesso em: 9 abr. 2020.

POWELL, Alvin. The Return to Recycling. *The Harvard Gazette*, 23 set. 2011. Disponível em: https://news.harvard.edu/gazette/story/2011/09/the-return-to-recycling/. Acesso em: 13 fev. 2020.

PRIVAÇÃO de sono causa desgaste maior do que a insônia; entenda diferenças e veja dicas. *G1*, Bem-Estar, 24 abr. 2019. Disponível em: https://g1.globo.com/bemestar/noticia/2019/04/24/privacao-de-sono-causa-desgaste-maior-do-que-a-insonia-entenda-diferencas-e-veja-dicas.ghtml. Acesso em: 8 maio 2020.

QUAL é o idioma com mais vocábulos? *Superinteressante*, Mundo Estranho, 4 jul. 2018. Disponível em: https://super.abril.com.br/mundo-estranho/qual-e-o-idioma-com-mais-vocabulos/. Acesso em: 9 abr. 2020.

QUEM criou a aposentadoria? *Superinteressante*, Mundo Estranho, 26 fev. 2019. Disponível em: https://super.abril.com.br/mundo-estranho/quando-surgiu-a-aposentadoria/. Acesso em: 11 fev. 2020.

QUEM eram os bobos da corte? *Superinteressante*, Mundo Estranho, 4 jul. 2018. Disponível em: https://super.abril.com.br/mundo-estranho/quem-eram-os-bobos-da-corte/. Acesso em: 13 mar. 2020.

QUEM mais gera lixo no mundo, e quem mais sofre com o problema. *Época Negócios*, 5 out. 2018. Disponível em: https://epocanegocios.globo.com/Mundo/noticia/2018/10/quem-mais-gera-lixo-no-mundo-e-quem-mais-sofre-com-o-problema.html. Acesso em: 12 fev. 2020.

RETROSPECTIVA 2018: as notícias que marcaram o Brasil durante o ano. *BOL*, 18 dez. 2018. Disponível em: https://www.bol.uol.com.br/listas/retrospectiva-2018-as-noticias-que-marcaram-o-brasil-durante-o-ano.htm. Acesso em: 12 fev. 2020.

RHIMES, Shonda. *Meu ano de dizer "sim" para tudo*. TED, fev. 2016 (18m36). Disponível em: https://www.ted.com/talks/shonda_rhimes_my_year_of_saying_yes_to_everything/transcript?language=pt-br#t-1112286. Acesso em: 22 jun. 2020.

RHIMES, Shonda. *O ano em que disse sim*: como dançar, ficar ao sol e ser a sua própria pessoa. Trad. Mariana Kohnert. 9. ed. Rio de Janeiro: BestSeller, 2016.

ROBINSON, Ken. *Será que as escolas matam a criatividade?* TED, fev. 2006 (19m13). Disponível em: https://www.ted.com/talks/sir_ken_robinson_do_schools_kill_creativity?language=pt-br. Acesso em: 4 jun. 2020.

ROSINGER, Karen. As duas palavras que guardam o segredo da felicidade dos dinamarqueses. *BBC*, 6 abr. 2020. Disponível em: https://www.bbc.com/portuguese/vert-tra-47701334. Acesso em: 14 maio 2020.

ROSTÁS, Renato; SCHNOOR, Tatiana. Desafio para o Brasil, "indústria 4.0" traz novo paradigma de negócios. *Valor Econômico*, São Paulo, 20 abr. 2018. Disponível em: https://valor.globo.com/empresas/noticia/2018/04/20/desafio-para-o-brasil-industria-4-0-traz-novo-paradigma-de-negocios.ghtml. Acesso em: 12 fev. 2020.

RUSSELL, Helen. *O segredo da Dinamarca*: descubra como vivem as pessoas mais felizes do mundo. Trad. Izabel Aleixo e Léa Viveiros de Castro. São Paulo: LeYa, 2016.

SAINSAULIEU, Renaud. L'Identité au travail: une expérience partagée. In: FRANCFORT, J. et al. *Les Mondes sociaux de l'entreprise*. Paris: Sociologie Éconômique, 1995 apud MACHADO, Hilka Vier. A identidade e o contexto organizacional: perspectivas de análise. *RAC*, ed. esp., 2003, p. 51-73. Disponível em: http://www.scielo.br/pdf/rac/v7nspe/v7nespa04.pdf. Acesso em: 23 dez. 2015.

SALE, Kirkpatrick. *Inimigos do futuro*: a guerra dos ludistas contra a Revolução Industrial e o desemprego. Rio de Janeiro: Record, 1999.

SATO, Paula. É possível calcular quantas palavras surgem por dia na língua portuguesa? *Nova Escola*, 1 maio 2009. Disponível em: https://novaescola.org.br/conteudo/2539/e-possivel-calcular-quantas-palavras-surgem-por-dia-na-lingua-portuguesa. Acesso em: 9 abr. 2020.

SENGE, Peter. *A quinta disciplina*: a arte e prática da organização que aprende. Trad. Gabriel Zide Neto. Rio de Janeiro: BestSeller, 2013.

SEVENTY-ONE Percent of Employers Say They Value Emotional Intelligence over IQ, According to CareerBuilder Survey. *Career Builder*, 18 ago. 2011. Disponível em: https://www.careerbuilder.ca/share/aboutus/pressreleasesdetail.aspx?id=pr652&sd=8%2f18%2f2011&ed=8%2f18%2f2099. Acesso em: 8 maio 2020.

SILVA, Rafael Rodrigues da. Brasil é o segundo país do mundo a passar mais tempo na internet. *Canal Tech*, 1 fev. 2019. Disponível em: https://canaltech.com.br/internet/brasil-e-o-segundo-pais-do-mundo-a-passar-mais-tempo-na-internet-131925/. Acesso em: 12 fev. 2020.

SOUZA, Jorge de. "Foi incrível", diz francês que atravessou o Atlântico dentro de um barril. *Blog Histórias do Mar*, 13 maio 2019. Disponível em: https://historiasdomar.blogosfera.uol.com.br/2019/05/13/foi-incrivel-diz-frances-que-atravessou-o-atlantico-dentro-de-um-barril/?cmpid=copiaecola. Acesso em: 11 fev. 2020.

STANFORD University. *Steve Jobs' Commencement Address*, 7 mar. 2008 (15m04). Disponível em: https://www.youtube.com/watch?v=UF8uR6Z6KLc&feature=emb_logo. Acesso em: 22 jun. 2020.

SUGAY, Celine. Unhealthy Happiness: Its Underlit Dark Side & Negative Effects. *Positive Psychology*, 17 out. 2020. Disponível em: https://positivepsychology.com/dark-side-of-happiness/. Acesso em: 25 maio 2020.

STOLTZ, Paul G. *Adversity Quotient*: Turning Obstacles into Opportunities. Hoboken: Wiley, 1997.

STOLTZ, Paul G. *Desafios e oportunidades* — Adversidade: o elemento oculto do sucesso. Rio de Janeiro: Campus, 2001.

STOLTZ, Paul G.; WEIHENMAYER, Erik. *As vantagens da adversidade*: como transformar as batalhas do dia a dia em crescimento pessoal. São Paulo: WMF Martins Fontes, 2008.

Tarja Branca. Direção Cacau Rhoden. São Paulo: Instituto Alana e Maria Farinha Filmes, 2014 (80 min.).

TURBIANI, Renata. Incapacidade de sentir prazer, o sintoma muitas vezes ignorado da depressão. *Folha de S.Paulo*, Viva Bem, 30 set. 2018. Disponível em: https://f5.folha.uol.com.br/viva-bem/2018/09/incapacidade-de-sentir-prazer-o-sintoma-muitas-vezes-ignorado-da-depressao.shtml. Acesso em: 18 maio 2020.

WESTIN, Ricardo. Primeira lei da Previdência, de 1923, permitia aposentadoria aos 50 anos. *Senado Federal*, 3 jun. 2019. Disponível em: https://www12.senado.leg.br/noticias/especiais/arquivo-s/primeira-lei-da-previdencia-de-1923-permitia-aposentadoria-aos-50-anos. Acesso em: 11 fev. 2020.

WHITE, Bowen Faville. Definition of Healthy. *Bowenwhite.com*, [s.d.]. Disponível em: http://www.bowenwhite.com/. Acesso em: 4 jun. 2020.

WHITE, Bowen Faville. *Why Normal Isn't Healthy*: How to Find Heart, Meaning, Passion and Humor on the Road Most Travaled. Center City: Hazelden Publishing, 2000.

WISEMAN, Richard. *Onde está o gorila?* Aumente sua percepção e descubra excelentes oportunidades. Rio de Janeiro: BestSeller, 2005.

NOTAS

NOTAS

1. Jamil Chade e Isabela Palhares, Brasil tem maior taxa de transtorno de ansiedade do mundo, diz OMS, *O Estado de S. Paulo*, 23 fev. 2017. Disponível em: https://saude.estadao.com.br/noticias/geral,brasil-tem-maior-taxa-de-transtorno-de-ansiedade-do-mundo-diz-oms,70001677247. Acesso em: 7 fev. 2020.

2. IBGE. Arranjos populacionais e concentrações urbanas no Brasil, 2. ed., Rio de Janeiro, IBGE, 2016. Disponível em: https://biblioteca.ibge.gov.br/visualizacao/livros/liv99700.pdf. Acesso em: 7 fev. 2020.

3. Rafael Rodrigues da Silva, Brasil é o segundo país do mundo a passar mais tempo na internet, *Canal Tech*, 1 fev. 2019. Disponível em: https://canaltech.com.br/internet/brasil-e-o-segundo-pais-do-mundo-a-passar-mais-tempo-na-internet-131925/. Acesso em: 12 fev. 2020.

4. Bem-vindos à Quarta Revolução Industrial, *O Estado de S. Paulo*, Mundo Digital, 14 abr. 2019, disponível em: http://especiais.estadao.com.br/mundodigital/ola-mundo/, acesso em: 12 fev. 2020; Renato Rostás e Tatiana Schnoor, Desafio para o Brasil, "indústria 4.0" traz novo paradigma de negócios, *Valor Econômico*, São Paulo, 20 abr. 2018, disponível em: https://valor.globo.com/empresas/noticia/2018/04/20/desafio-para-o-brasil-industria-4-0-traz-novo-paradigma-de-negocios.ghtml, acesso em: 12 fev. 2020.

5. Brasil Colônia, *Brasil Escola*, [s.d.], disponível em: https://monografias.brasilescola.uol.com.br/historia/brasil-colonia.htm, acesso em: 12 fev. 2020; Daniel Neves, Segundo Reinado, *Brasil Escola*, [s.d.], disponível em: https://brasilescola.uol.com.br/historiab/segundo-reinado.htm, acesso em: 12 fev. 2020; Ame-o ou deixe-o, *Folha de S.Paulo*, [s.d.], disponível em: https://www1.folha.uol.com.br/folha/especial/2002/eleicoes/historia-1969.shtml, acesso em: 12 fev. 2020; Thiago

Lavado, Uso da internet no Brasil cresce, e 70% da população está conectada, *G1*, 28 ago. 2019, disponível em: https://g1.globo.com/economia/tecnologia/noticia/2019/08/28/uso-da-internet-no-brasil-cresce-e-70percent-da-populacao-esta-conectada.ghtml, acesso em: 12 fev. 2020; Bruno Capelas e Giovanna Wolf, Com assistentes de voz, casa conectada vira realidade no Brasil em 2019, *O Estado de S. Paulo*, 20 out. 2019, disponível em: https://link.estadao.com.br/noticias/gadget,com-assistentes-de-voz-casa-conectada-vira-realidade-no-brasil-em-2019,70003056577, acesso em: 12 fev. 2020.

6   Quem criou a aposentadoria?, *Superinteressante*, Mundo Estranho, 26 fev. 2019. Disponível em: https://super.abril.com.br/mundo-estranho/quando-surgiu-a-aposentadoria/. Acesso em: 11 fev. 2020.

7   Ricardo Westin, Primeira lei da Previdência, de 1923, permitia aposentadoria aos 50 anos, *Senado Federal*, 3 jun. 2019. Disponível em: https://www12.senado.leg.br/noticias/especiais/arquivo-s/primeira-lei-da-previdencia-de-1923-permitia-aposentadoria-aos-50-anos. Acesso em: 11 fev. 2020.

8   Kirkpatrick Sale, *Inimigos do futuro: a guerra dos ludistas contra a Revolução Industrial e o desemprego*, Rio de Janeiro, Record, 1999.

9   Verbete "homo" do Oxford English Dictionary. Disponível em: https://www.oed.com/oed2/00107486. Acesso em: 11 fev. 2020.

10 Definição de "*Homo Faber*" do Merriam-Webster. Disponível em: https://www.merriam-webster.com/dictionary/homo%20faber. Acesso em: 11 fev. 2020.

11 Hannah Arendt, *A condição humana*, 11. ed., Rio de Janeiro, Forense Universitária, 2010.

12 Alvin Powell, The Return to Recycling, *The Harvard Gazette*, 23 set. 2011. Disponível em: https://news.harvard.edu/gazette/story/2011/09/the-return-to-recycling/. Acesso em: 13 fev. 2020.

13 Ede Ijjasz-Vasquez, What a Waste: an Updated Look into the Future of Solid Waste Management, *The World Bank*, 20 set. 2018. Disponível em: https://www.worldbank.org/en/news/immersive-story/2018/09/20/what-a-waste-an-updated-look-into-the-future-of-solid-waste-management. Acesso em: 12 fev. 2020.

14 Quem mais gera lixo no mundo, e quem mais sofre com o problema, *Época Negócios*, 5 out. 2018. Disponível em: https://epocanegocios.globo.com/Mundo/noticia/2018/10/quem-mais-gera-lixo-no-mundo-e-quem-mais-sofre-com-o-problema.html. Acesso em: 12 fev. 2020.

15 Arendt, op. cit.

16 Gilles Lipovetsky e Sébastien Charles, *Os tempos hipermodernos*, São Paulo, Barcarolla, 2004.

17   Bernard Marr, How Much Data Do We Create Every Day? The Mind-Blowing Stats Everyone Should Read, *Forbes*, 21 maio 2018. Disponível em: https://www.forbes.com/sites/bernardmarr/2018/05/21/how-much-data-do-we-create-every-day-the-mind-blowing-stats-everyone-should-read/#4224a24460ba. Acesso em: 12 fev. 2020.

18   Jeff Desjardins, How Much Data Is Generated Each Day?, *World Economic Forum*, 17 abr. 2019. Disponível em: https://www.weforum.org/agenda/2019/04/how-much-data-is-generated-each-day-cf4bddf29f/. Acesso em: 13 fev. 2020.

19   Alison Flood, Fake News Is a 'Very Real' Word of the Year for 2017, *The Guardian*, 2 nov. 2017. Disponível em: https://www.theguardian.com/books/2017/nov/02/fake-news-is-very-real-word-of-the-year-for-2017. Acesso em: 13 fev. 2020.

20   62% dos brasileiros não sabem reconhecer uma notícia falsa, *Veja*, 13 fev. 2020. Disponível em: https://veja.abril.com.br/tecnologia/62-dos-brasileiros-nao-sabem-reconhecer-uma-noticia-falsa/. Acesso em: 13 fev. 2020.

21   Bilionários do mundo têm mais dinheiro que 60% de toda a população, *iG*, Economia, 20 jan. 2020. Disponível em: https://economia.ig.com.br/2020-01-20/bilionarios-do-mundo-tem-mais-dinheiro-que-60-da-populacao-mundial.html. Acesso em: 13 fev. 2020.

22   Gilles Lipovetsky, *A sociedade da decepção*, São Paulo, Manole, 2007.

23   Engarrafamento de montanhistas causa ao menos dez mortes no Everest, *Folha de S.Paulo*, Mundo, 24 maio 2019. Disponível em: https://www1.folha.uol.com.br/mundo/2019/05/engarrafamentos-de-montanhistas-causam-mortes-no-everest.shtml. Acesso em: 11 fev. 2020.

24   Jorge de Souza, "Foi incrível", diz francês que atravessou o Atlântico dentro de um barril, *Blog Histórias do Mar*, 13 maio 2019. Disponível em: https://historiasdomar.blogosfera.uol.com.br/2019/05/13/foi-incrivel-diz-frances-que-atravessou-o-atlantico-dentro-de-um-barril/?cmpid=copiaecola. Acesso em: 11 fev. 2020.

25   Como o estresse provoca mudanças no seu cérebro, *The HuffPost Brasil*, 21 nov. 2014.

26   Mario Sergio Cortella, *Por que fazemos o que fazemos? Aflições vitais sobre trabalho, carreira e realização*. São Paulo, Planeta, 2016.

27   Chris Argyris, *Personalidade e organização: o conflito entre o sistema e o indivíduo.* Rio de Janeiro, Renes, 1969.

28   Ibidem.

29   Lipovetsky, op. cit.

30 *Guia da mitologia grega: deuses, ninfas, daimons, monstros e heróis de A a Z*, 2. ed., São Paulo, Online Editora, 2016. E-book.

31 *Tarja Branca*, direção Cacau Rhoden, São Paulo, Instituto Alana e Maria Farinha Filmes, 2014 (80 min.).

32 Retrospectiva 2018: as notícias que marcaram o Brasil durante o ano, *BOL*, 18 dez. 2018. Disponível em: https://www.bol.uol.com.br/listas/retrospectiva-2018-as-noticias-que-marcaram-o-brasil-durante-o-ano.htm. Acesso em: 12 fev. 2020.

33 Hans Christian Andersen, *Britannica Escola*, [s.d.]. Disponível em: https://escola.britannica.com.br/artigo/Hans-Christian-Andersen/480600. Acesso em: 12 fev. 2020.

34 Teresa Caram, Terra da Pequena Sereia, Copenhague é mais bonita que nos contos de fada, *Estado de Minas*, Turismo, 10 set. 2019. Disponível em: https://www.em.com.br/app/noticia/turismo/2019/09/10/interna_turismo,1083720/conheca-copenhague-um-dos-mais-belos-cartoes-postais-da-europa.shtml. Acesso em: 12 fev. 2020.

35 Quem eram os bobos da corte?, *Superinteressante*, Mundo Estranho, 4 jul. 2018. Disponível em: https://super.abril.com.br/mundo-estranho/quem-eram-os-bobos-da-corte/. Acesso em: 13 mar. 2020.

36 Stephanie Fairyington, Here's Why Humor Is So Important in the Workplace – and the Right Way to Use It, *Thrive Global*, 1 abr. 2019. Disponível em: https://thriveglobal.com/stories/humor-laughter-workplace-office-well-being-success-benefits-tips/. Acesso em: 22 jun. 2020.

37 Renaud Sainsaulieu, L'Identité au travail: une expérience partagée, in: J. Francfort et al., *Les Mondes sociaux de l'entreprise*, Paris, Sociologie Économique, 1995 apud Hilka Vier Machado, A identidade e o contexto organizacional: perspectivas de análise, *RAC*, ed. esp., 2003, p. 51-73. Disponível em: http://www.scielo.br/pdf/rac/v7nspe/v7nespa04.pdf. Acesso em: 23 dez. 2015.

38 Carol Dweck, *Mindset: a nova psicologia do sucesso*, trad. S. Duarte, Rio de Janeiro, Objetiva, 2017.

39 Vuca é o acrônimo de *volatility, uncertainty, complexity* e *ambiguity*, ou seja, volatilidade, incerteza, complexidade e ambiguidade.

40 Karina Balan Julio, Como blocos Lego têm reconstruído dinâmicas corporativas, *Meio & Mensagem*, 3 jan. 2019. Disponível em: https://www.meioemensagem.com.br/home/marketing/2019/01/03/lego-serious-play-e-a-reconstrucao-das-metodologias-corporativas.html. Acesso em: 22 jun. 2020.

41 Smart Play: https://www.smartplaybr.com/sobre-nos.

42 Lego House: https://legohouse.com/en-gb/.

43 Stanford University, Steve Jobs' Commencement Address, 7 mar. 2008 (15m04). Disponível em: https://www.youtube.com/watch?v=UF8uR6Z6KLc&feature=emb_logo. Acesso em: 22 jun. 2020.

44 Shonda Rhimes, *Meu ano de dizer "sim" para tudo*, TED, fev. 2016 (18m36). Disponível em: https://www.ted.com/talks/shonda_rhimes_my_year_of_saying_yes_to_everything/transcript?language=pt-br#t-1112286. Acesso em: 22 jun. 2020.

45 Walter Isaacson, *Leonardo Da Vinci*, trad. André Czarnobai, Rio de Janeiro, Intrínseca, 2017.

46 Ibidem.

47 Mais informações sobre Nathan Sawaya em sua página oficial: https://www.brickartist.com/about-nathan-sawaya.html.

48 Mary Hanan, Why This Lawyer Ditched a 6-Figure Paycheck to Become a Lego Artist, *CNBC*, 6 jul. 2016. Disponível em: https://www.cnbc.com/id/100935141. Acesso em: 17 mar. 2020.

49 Mais informações sobre Paulo Storani em sua página oficial: http://paulostorani.com.br/.

50 Otto Mesmmer, *Enciclopedia Britannica*, 24 out. 2020. Disponível em: https://www.britannica.com/biography/Otto-Messmer#ref739012. Acesso em: 8 abr. 2020.

51 Mais informações sobre o Gato Félix em sua página oficial: http://www.felixthecat.com/history.html.

52 DreamWorks adquire os direitos sobre o personagem Gato Félix, *Folha de S.Paulo*, Ilustrada, 17 jun. 2014. Disponível em: https://m.folha.uol.com.br/ilustrada/2014/06/1472169-dreamworks-adquire-os-direitos-sobre-o-personagem-gato-felix.shtml. Acesso em: 8 abr. 2020.

53 Peter Senge, *A quinta disciplina: a arte e prática da organização que aprende*, trad. Gabriel Zide Neto, Rio de Janeiro, BestSeller, 2013.

54 Escrita: a arte de inventar palavras, *Estante Virtual*, 21 maio 2012. Disponível em: https://blog.estantevirtual.com.br/2012/05/21/escrita-a-arte-de-inventar-palavras/. Acesso em: 9 abr. 2020.

55 Liberato Póvoa, O linguajar de Carmo, nossas palavras caipiras e os neologismos de Guimarães Rosa, *Diário da Manhã*, 11 nov. 2016. Disponível em: https://www.dm.jor.br/opiniao/2016/11/o-linguajar-de-carmonossas-palavras-caipiras-e-os-neologismos-de-guimaraes-rosa/. Acesso em: 9 abr. 2020.

56   Paula Sato, É possível calcular quantas palavras surgem por dia na língua portuguesa?, *Nova Escola*, 1 maio 2009. Disponível em: https://novaescola.org.br/conteudo/2539/e-possivel-calcular-quantas-palavras-surgem-por-dia-na-lingua-portuguesa. Acesso em: 9 abr. 2020.

57   Qual é o idioma com mais vocábulos?, *Superinteressante*, Mundo Estranho, 4 jul. 2018. Disponível em: https://super.abril.com.br/mundo-estranho/qual-e-o-idioma-com-mais-vocabulos/. Acesso em: 9 abr. 2020.

58   Per Kristiansen e Robert Rasmussen, *Construindo um negócio melhor com a utilização do Método Lego® Serious Play®*, São Paulo, DVS, 2015.

59   Rasmussen e Kristiansen, op. cit.

60   Robson Gonçalves e Andréa de Paiva, *Triuno: neurobusiness e qualidade de vida*, São Paulo, Clube de Autores, 2014.

61   Senge, op. cit.

62   John P. Kotter, *Sentido de urgência: o que falta para você vencer*, trad. Adriana Rieche, 2. ed., Rio de Janeiro, BestSeller, 2009.

63   Idem, *Liderando mudanças: transformando empresas com a força das emoções*, Rio de Janeiro, Alta Books, 2017.

64   Hans Henrik Knoop, *Play, Learning and Creativity: Why Happy Children Are Better Learners*, Oslo, Aschehoug Dansk Forlag, 2002.

65   Paty Moraes Nobre, Vendedor anuncia torresmo em live de governador, viraliza e sai da crise, *Exame*, 7 abr. 2020. Disponível em: https://exame.com/casual/vendedor-anuncia-torresmo-em-live-de-governador-viraliza-e-sai-da-crise/. Acesso em: 10 abr. 2020.

66   Senge, op. cit.

67   Dormir pouco afeta o cérebro da mesma forma que o álcool, *Veja*, 13 nov. 2017. Disponível em: https://veja.abril.com.br/saude/dormir-pouco-afeta-o-cerebro-da-mesma-forma-que-o-alcool/. Acesso em: 8 maio 2020.

68   Privação de sono causa desgaste maior do que a insônia; entenda diferenças e veja dicas, *G1*, Bem-Estar, 24 abr. 2019. Disponível em: https://g1.globo.com/bemestar/noticia/2019/04/24/privacao-de-sono-causa-desgaste-maior-do-que-a-insonia-entenda-diferencas-e-veja-dicas.ghtml. Acesso em: 8 maio 2020.

69   Amyr Klink, *Cem dias entre céu e mar*, São Paulo, Companhia das Letras, 1995.

70   Mais informações sobre Paul G. Stoltz na página oficial da Peak Learning: https://www.peaklearning.com/dr-paul-g-stoltz/.

71   Seventy-One Percent of Employers Say They Value Emotional Intelligence over IQ, According to CareerBuilder Survey, *Career Builder*, 18 ago. 2011.

Disponível em: https://www.careerbuilder.ca/share/aboutus/pressreleasesdetail. aspx?id=pr652&sd=8%2f18%2f2011&ed=8%2f18%2f2099. Acesso em: 8 maio 2020.

72 Paul G. Stoltz, *Adversity Quotient: Turning Obstacles into Opportunities*, Hoboken, Wiley, 1997.

73 Ibidem.

74 Paul G. Stoltz e Erik Weihenmayer, *As vantagens da adversidade: como transformar as batalhas do dia-a-dia em crescimento pessoal*, São Paulo, WMF Martins Fontes, 2008.

75 Ibidem.

76 Ibidem.

77 Ibidem.

78 Paul G. Stoltz, *Desafios e oportunidades — Adversidade: o elemento oculto do sucesso*, Rio de Janeiro, Campus, 2001.

79 Joshua D. Margolis e Paul Stoltz, How to Bounce Back from Adversity, *Harvard Business Review*, jan./fev. 2010. Disponível em: https://hbr.org/2010/01/how-to-bounce-back-from-adversity. Acesso em: 8 maio 2020.

80 Dave Gordon, Chris Gardner: The Homeless Man Who Became a Multi-Millionaire Investor, *BBC*, 5 dez. 2016. Disponível em: https://www.bbc.com/news/business-38144980. Acesso em: 9 maio 2020.

81 Osmar Freitas Jr., De mendigo a milionário, *IstoÉ*, 24 jan. 2007. Disponível em: https://istoe.com.br/995_DE+MENDIGO+A+MILIONARIO/. Acesso em: 9 maio 2020.

82 Verbete "Epiteto" no Wikipedia. Disponível em: https://pt.wikipedia.org/wiki/Epiteto. Acesso em: 9 maio. 2020.

83 Epicteto, *Manual para a vida*, trad. Rafael Arrais, Textos para Reflexão, 2019.

84 José Francisco Botelho, *A odisseia da filosofia: uma breve história do pensamento ocidental*, São Paulo, Abril, 2015.

85 James Mannion, *O livro completo da filosofia: entenda os conceitos básicos dos grandes pensadores — de Sócrates a Sartre*, 6. ed., São Paulo, Madras, 2010.

86 Ibidem.

87 Oliver Burkeman, *Manual antiautoajuda: felicidade para quem não consegue pensar positivo*, trad. André Fontenelle, São Paulo, Paralela, 2014.

88 Ibidem.

89 Bill Bryson, *Corpo: um guia para usuários*, trad. Cássio de Arantes Leite, São Paulo, Companhia das Letras, 2020.

90 Verbete *flow* segundo o Cambridge Dictionary. Disponível em: https://dictionary.cambridge.org/pt/dicionario/ingles-portugues/flow. Acesso em: 9 maio 2020.

91 Mihaly Csikszentmihalyi, *Fluidez, o segredo da felicidade*, TED, fev. 2004 (18m45). Disponível em: https://www.ted.com/talks/mihaly_csikszentmihalyi_flow_the_secret_to_happiness/transcript?language=pt-br. Acesso em: 9 maio 2020.

92 Uma a cada 4 empresas fecha antes de completar 2 anos no mercado, segundo Sebrae, *Dino*, reproduzido em *Portal Terra*, 15 ago. 2018. Disponível em: https://www.terra.com.br/noticias/dino/1-a-cada-4-empresas-fecha-antes-de-completar-2-anos-no-mercado-segundo-sebrae,1d544ed6d044fda10d2f6e45b580362augd155bg.html. Acesso em: 18 maio 2020.

93 Helen Russell, *O segredo da Dinamarca: descubra como vivem as pessoas mais felizes do mundo*, trad. Izabel Aleixo e Léa Viveiros de Castro, São Paulo, LeYa, 2016.

94 De sair cedo do trabalho a assumir riscos desde criança: o que a Dinamarca pode ensinar aos negócios, *Época Negócios*, 12 jul. 2019. Disponível em: https://epocanegocios.globo.com/Mundo/noticia/2019/07/de-sair-cedo-do-trabalho-assumir-riscos-desde-crianca-o-que-dinamarca-pode-ensinar-aos-negocios.html. Acesso em: 14 maio 2020.

95 Karen Rosinger, As duas palavras que guardam o segredo da felicidade dos dinamarqueses, *BBC*, 6 abr. 2020. Disponível em https://www.bbc.com/portuguese/vert-tra-47701334. Acesso em: 14 maio 2020.

96 Mihaly Csikszentmihalyi, *Flow: a psicologia do alto desempenho e da felicidade*, trad. Cássio de Arantes Leite, Rio de Janeiro, Objetiva, 2020.

97 Clássica personagem de Eleanor H. Porter, famosa por sempre encontrar um lado positivo nas tragédias. É a criadora do Jogo do Contente, que pressupõe que em tudo há algo bom.

98 Celine Sugay, Unhealthy Happiness: Its Underlit Dark Side & Negative Effects, *Positive Psychology*, 17 out. 2020. Disponível em: https://positivepsychology.com/dark-side-of-happiness/. Acesso em: 25 maio 2020.

99 Csikszentmihalyi, *Flow*, op. cit.

100 Anna Medaris Miller, When Thankfulness Can Hurt Us, *U.S.News*, 24 nov. 2014. Disponível em: https://health.usnews.com/health-news/health-wellness/articles/2014/11/24/when-thankfulness-can-hurt-us. Acesso em: 25 maio 2020.

101 Csikszentmihalyi, *Flow*, op. cit.

102 Barbara Bigarelli, João Carlos Martins: "A vida não é só tragédia", *Época Negócios*, 3 jun. 2016. Disponível em: https://epocanegocios.globo.com/Vida/noticia/2016/06/joao-carlos-martins-vida-nao-e-so-tragedia.html. Acesso em: 18 maio 2020.

103 A Febem era a antiga Fundação do Bem-Estar do Menor, extinta em 2006. Hoje, no estado de São Paulo, jovens infratores ou que precisam ficar privados de liberdade são acolhidos pela Fundação Centro de Atendimento Socioeducativo ao Adolescente (Casa).

104 João Carlos Martins relata emoção após voltar a tocar piano com luvas especiais: 'Escorreu uma lágrima', *GShow*, 29 fev. 2020. Disponível em: https://gshow.globo.com/programas/altas-horas/noticia/joao-carlos-martins-relata-emocao-apos-voltar-a-tocar-piano-com-luvas-especiais-escorreu-uma-lagrima.ghtml. Acesso em: 18 maio 2020.

105 David Fricke, Paul McCartney Looks Back: the Rolling Stone Interview, *Rolling Stone*, 10 ago. 2016. Disponível em: https://www.rollingstone.com/music/music-features/paul-mccartney-looks-back-the-rolling-stone-interview-102797/. Acesso em: 18 maio 2020.

106 Ibidem.

107 Walter Isaacson, The Real Leadership Lessons of Steve Jobs, *Harvard Business Review*, abr. 2012. Disponível em: https://hbr.org/2012/04/the-real-leadership-lessons-of-steve-jobs. Acesso em: 18 maio 2020.

108 Joseph Campbell e Bill Moyers, *O poder do mito*, 30. ed., São Paulo, Palas Athena, 2014.

109 Csikszentmihalyi, *Flow*, op. cit.

110 Ibidem.

111 Ibidem.

112 Gustavo Brigatto, Empresas de TI crescem com produtos grátis, *Valor Econômico*, 18 maio 2020. Disponível em: https://valor.globo.com/empresas/noticia/2020/05/18/empresas-de-ti-crescem-com-produto-gratis.ghtml. Acesso em: 18 maio 2020.

113 Csikszentmihalyi, *Flow*, op. cit.

114 Renata Turbiani, Incapacidade de sentir prazer, o sintoma muitas vezes ignorado da depressão, *Folha de S.Paulo*, Viva Bem, 30 set. 2018. Disponível em: https://f5.folha.uol.com.br/viva-bem/2018/09/incapacidade-de-sentir-prazer-o-sintoma-muitas-vezes-ignorado-da-depressao.shtml. Acesso em: 18 maio 2020.

115 Jane McGonigal, *Gaming Can Make a Better World*, TED, fev. 2010 (19m48). Disponível em: https://www.ted.com/talks/jane_mcgonigal_gaming_can_make_a_better_world?language=pt-br. Acesso em: 15 maio 2020.

116 Kristiansen e Rasmussen, op. cit.

117 Ibidem.

118 Ibidem.

119 Ken Robinson, *Será que as escolas matam a criatividade?*, TED, fev. 2006 (19m13). Disponível em: https://www.ted.com/talks/sir_ken_robinson_do_schools_kill_creativity?language=pt-br. Acesso em: 4 jun. 2020.

120 Ibidem.

121 Bowen Faville White, *Why Normal Isn't Healthy: How to Find Heart, Meaning, Passion and Humor on the Road Most Travaled*, Center City, Hazelden Publishing, 2000.

122 Ibidem.

123 Idem, Definition of Healthy, *Bowenwhite.com*, [s.d.]. Disponível em: http://www.bowenwhite.com/. Acesso em: 4 jun. 2020.

124 Mary Shelley, *Frankenstein*, trad. Silvio Antunha, Jandira, Principis, 2019.

125 White, op. cit.

126 Ana Luísa Moraes, Minorias étnicas têm risco maior de desenvolver problemas mentais, *Veja Saúde*, 3 jun. 2017. Disponível em: https://saude.abril.com.br/mente-saudavel/minorias-etnicas-tem-risco-maior-de-desenvolver-problemas-mentais/. Acesso em: 4 jun. 2020.

127 Elizabeth Costa, Dados chocantes mostram como a saúde mental das minorias é negligenciada, *The Huffpost Brasil*, 21 set. 2016.

128 A pesquisa original foi realizada por Christopher Chabris e Daniel Simons, que publicaram um livro sobre o assunto e mantêm um site oficial: http://www.theinvisiblegorilla.com/.

129 Richard Wiseman, *Onde está o gorila? Aumente sua percepção e descubra excelentes oportunidades*, Rio de Janeiro, BestSeller, 2005.

130 Ibidem.

131 Shonda Rhimes, *O ano em que disse sim: como dançar, ficar ao sol e ser a sua própria pessoa*, trad. Mariana Kohnert, 9. ed., Rio de Janeiro, BestSeller, 2016.

132 Stuart Brown e Christopher Vaughan, *Play: How It Shapes the Brain, Opens the Imagination and Invigorates the Soul*, Londres, Penguin, 2009.

133 Stuart Brown, Consequences of Play Deprivation, *Scholarpedia*, v. 9, n. 5, 2014. Disponível em: http://www.scholarpedia.org/article/Consequences_of_Play_Deprivation. Acesso em: 4 jun. 2020.

134 Peter Gray, Definitions of Play, *Scholarpedia*, v. 8, n. 7, 2013. Disponível em: http://www.scholarpedia.org/article/Definitions_of_Play. Acesso em: 4 jun. 2020.

135 Pirate Flag, *Folklore*, [s.d.]. Disponível em: https://www.folklore.org/StoryView.py?story=Pirate_Flag.txt. Acesso em: 5 jun. 2020.

136 Bobbie Johnson, *Apple*'s Macintosh, 25 Years on, *The Guardian*, 23 jan. 2009. Disponível em: https://www.theguardian.com/technology/2009/jan/23/apple-macintosh-25#:~:text=Twenty%2Dfive%20years%20ago%2C%20on,core%20of%20the%20company's%20identity. Acesso em: 5 jun. 2020.

137 Piano Stairs, *Design of The World*, [s.d.]. Disponível em: https://www.designoftheworld.com/piano-stairs/. Acesso em: 5 jun. 2020.

138 Carlos Merigo, Volkswagen revela o vencedor da campanha "The Fun Theory", *B9*, 30 mar. 2010. Disponível em: https://www.b9.com.br/11898/volkswagen-revela-o-vencedor-da-campanha-the-fun-theory/. Acesso em: 5 jun. 2020.

139 Johannes Gutenberg, *Escola Britânica*, [s.d.]. Disponível em: https://escola.britannica.com.br/artigo/Johannes-Gutenberg/481435. Acesso em: 4 jun. 2020.

140 Analistas afirmam que a produção de dados dobra a cada dois anos, *Canal Tech*, [s.d.]. Disponível em: https://canaltech.com.br/carreira/Analistas-afirmam-que-a-producao-de-dados-dobra-a-cada-dois-anos/. Acesso em: 4 jun. 2020.

141 Mel Helitzer e Mark Shatz, *Como escrever humor*, Rio de Janeiro, Gryphus, 2014.

142 Wiseman, op. cit.

143 Para fundador dos Doutores da Alegria, trabalho e felicidade devem caminhar juntos, *Pequenas Empresas & Grandes Negócios*, 3 dez. 2015. Disponível em: https://revistapegn.globo.com/Banco-de-ideias/noticia/2015/12/para-fundador-dos-doutores-da-alegria-trabalho-e-felicidade-devem-caminhar-juntos.html. Acesso em: 5 jun. 2020.

144 Isaacson, *Leonardo da Vinci*, op. cit.

145 Max Horkheimer, *Eclipse da razão*, trad. Carlos Henrique Pissardo, São Paulo, Editora Unesp, 2015.

146 Saul McLeod, Kolb's Learning Styles and Experiential Learning Cycle, *Simply Psychology*, 2017. Disponível em: https://www.simplypsychology.org/learning-kolb.html. Acesso em: 3 jul. 2020.

147 Adam Jezard, Is This Finnish School the Perfect Design?, *World Economic Forum*, 24 out. 2017. Disponível em: https://www.weforum.org/agenda/2017/10/why-finland-is-tearing-down-walls-in-schools/. Acesso em: 3 jul. 2020.

148 Kaomi Goetz, How 3M Gave Everyone Days Off and Created an Innovation Dynamo, *FastCompany*, 1 fev. 2011. Disponível em: https://www.fastcompany.com/1663137/how-3m-gave-everyone-days-off-and-created-an-innovation-dynamo. Acesso em: 3 jul. 2020.

149 Informações do site oficial da Post-It. Disponívvel em: https://www.post-it.com/3M/en_US/post-it/contact-us/about-us/. Acesso em: 3 jul. 2020.

150 Sophie Jackman, *Microsoft* testa semana de trabalho de 4 dias e a produtividade sobe 40%, *Bloomberg*, reproduzido em *Exame*, 4 nov. 2019. Disponível em: https://exame.com/carreira/*microsoft*-testa-semana-de-trabalho-de-4-dias-e-a-produtividade-sobe-40/. Acesso em: 3 jul. 2020.

151 Richard Branson, The Huge Power of Thinking Like a Toddler, *Virgin Blog*. Disponível em: https://www.*virgin*.com/richard-branson/huge-power-thinking-toddler#.Wp_v9XgW378.linkedin. Acesso em: 2 jul. 2020.

152 Adam Grant, *Originais: como os inconformistas mudam o mundo*, Rio de Janeiro, Sextante, 2017.

153 Ibidem.

154 Mais informações do filme na página da Netflix: https://www.netflix.com/title/80184771.

Lucas Freire

www.lucasfreire.com.br

DVS EDITORA

www.dvseditora.com.br